머리말

교원을 양성하는 기관인 대학이나 관련 학과의 학생들은 학교현장실습을 통하여 교사로서의 전반적인 역량과 실천적이고 전문적 지식 및 교직적 인성의 기초를 갖추는 계기가 된다. 학생들이 어떤 마음으로 어떻게 학교현장실습을 경험하게 되는가에 따라 졸업 후 현직에서의 적응성, 교사로서의 정체성 및 교수 역량 등을 갖추는 데 많은 영향을 미치게 될 것이다.

일반적으로 대학에서 학교현장실습의 과정은 먼저, 실습기관을 배정하고 사전교육을 통해 실습을 미리 준비하게 하고, 학교현장실습 중에 실습지도를 나가게 되는데, 일단 실습이 시작되면 실습생의 지도는 전적으로 학교현장의 실습 매뉴얼에 따라 진행됨으로 학교현장실습의 양태가 다양한 상황에서 실습 담당 교수의 사전지도, 현장의 원장 및 지도교사의 역량 정도에 따른 책무성이 매우 크다고 볼 수 있다. 무엇보다 질 높은 유아교사를 양성하기 위해서는 일차적으로 대학에서 학교현장실습의 중요성을 인지하고 그에 따른 효과와 효율성을 높이고자 노력해야 한다.

이 책의 내용 및 구성은 학생들이 학교현장실습에 앞서 현장에서 실습 전반에서 요구되는 실무적인 이해를 높이기 위해 실제적인 내용에 초점을 맞추어 실습의 적응을 돕고자 하는데 주력하였으며 학교현장실습에 임하기 전 준비부터 진행과정에서 요구되는 것들을 순차적으로 제시하였다.

이 책은 총 10장으로 구성되어 있으며 제1장 실습의 이해, 제2장 교육실습생의 인간관계로 실습 전 실습이 갖는 의미와 실습의 여러 유형들, 실습에 필요한 제반 사항을 제시하였고, 제3장 교육과정의 이해, 제4장 유아발달의 이해, 제5장 관찰 및 기록, 제6장 상호작용 기술, 제7장 유아 문제행동 이해와 지원, 제8장 수업활동으로 실습과정에서의 유아지도 부분으로 실습생들에게는 심적으로 가장 많은 부담감을 갖게 하는 부분이라 할 수 있다. 정해진 답도 없고 상황마다 적절하게 대처하며 잘 수행해 가야 하는 과정으로 경험이 전혀 없는 실습생들에게는 어떤 것을 이해하고 준비하고 실행해야 하는지에 조금이나마 도움이 되고자 교육과정에 대한 이해부터 수업안 작성의 구체적인 작성법과 교수 기술 및 전략 및 유의사항 등을 구체적인 사례를 들어 제시하였다. 제9장 실습의 평가는 실습 직후 실습평가의 의미와 평가방법 등을 제시하여 실습기간 동안 자신의 실습과정에 대한 점검과 부족한 부분에 대한 반성적 사고과정에 도움이 되는 실질적인 평가 자료들을 제시하였으며, 제10장은 실습일지의 실제적인 양식을 제시하였다.

이 책이 학교현장실습 담당교수, 실습생, 학교현장의 지도교사들에게 학교현장실습 사전교육에 실제적인 도움이 될 수 있기를 진심으로 바라며, 이 책을 교재로 사용하시는 여러 분들의 지도 편달을 부탁드리는 바이다.

끝으로 본 교재가 출판될 수 있도록 도움을 주신 양성원 여러 관계자님께 진심으로 감사의 마음을 전한다.

2024년 9월

저자

차 례

Chapter

01

실습의 이해

Chapter 01

실습의 이해

1. 실습의 의미

교육실습은 교원양성과정에세 가장 핵심적이고 종합적인 단계로 예비교사가 대학에서 배운 이론적 지식을 교육현장에 적용해보고 실천(윤수정, 2016)하면서 교사로서의 역할을 성공적으로 수행활 수 있는 역량을 기르고, 자신의 교사 전문성 발달 과정을 반성하게 된다(서울특별시교육청, 2022) 학교현장실습은 교원양성과정에서 직접 학교현장에 나가 교사로서의 전문성을 함양하고 정체성을 확인하는 유일한 교과이다(김철민, 2021)

교직을 희망하는 학생들은 대학의 지도교수와 실습기관의 지도교사의 지도를 받으며 교육현장에서 예비교사로서의 총제적인 역할을 경험해 보는 교육활동이라고 할 수 있다(류진희, 2000).

교사는 전문적이고 실천적 능력을 갖춘 교사가 되기 위해서는 대학에서 배운 이론과 현장의 실제를 통합시키고, 교사로서의 다양한 역할을 체험해 보는 과정이 필요하다.

교육실습은 대학에서 교육받은 지식과 이론을 실제에 적용하는 실천과정이다(김신영, 2005). 이는 단순히 협력교사를 모방하거나 도제식 훈련에 임하는 것이 아니라 예비교사 자신이 학습한 이론을 기초로 자신에 맞는 교수방법을 개발하도록 격려하고 피드백을 제공하여 방성적 실천을 할 수 있는 전문적 교사로서의 교수능력을 갖추는 것이다.

대학에서 이루어지는 이론적인 학습은 학습자에 대한 이해, 교육적용 원리에 대한 지식, 교과목에 대한 지식, 교수-학습방법에 대한 지식, 학급운영에 대한 지식 등을 각각 분리하여 단편적으로 이루어지지만 교육현장에서는 이러한 모든 분야들이 통합적이고 총체적인 실천적 지식을 요구하는 것으로 다른 사람에게서 배울 수 있는 것이 아니라 교사 스스로의 경험에 의해 얻는 지식(박은혜, 2005)으로 현장실습을 통해 배움의 시간이 되어야 한다.

2. 실습의 과정

실습의 과정은 사전실습, 정규실습, 사후실습으로 확장하여 단계적으로 이루어지고 있다. 교육실습이 일시적인 경험으로 끝나지 않고, 지속적인 지도와 평가를 통해 교사가 되어가는 과정이 되기 위해서는 이러한 단계적인 교육실습과정이 필수적이다.

사전실습은 교육실습 나가기 전의 준비과정으로서, 사후실습은 본 실습에서 부족했던 과정을 채우는 보강 과정으로서의 의미를 갖고 대학에서나 교육실습을 한 기관에서 이루어진다. 그리고 정규실습은 실제 교사역할을 경험하는 과정으로서 참관, 실제 지도의 단계를 거치며 이루어진다.

1) 사전실습

사전실습은 정규실습 이전에 대학과 현장에서 실시되는 것으로, 대학에서 또는 현장에서 단기적 또는 일시적으로 이루어진다. 대학에서는 본 실습과정에서 필요한 교육실습생의 자세, 문서작성방법 등과 같은 실제적인 내용을 교육받으며, 현장에서는 실습기관의 환경, 분위기, 하루일과, 유아들의 발달 수준 관찰, 교사의 교수방법 등을 대략적으로 경험함으로써 정규실습에 대한 부담감과 두려움을 줄이고, 정규실습의 적응 및 효율성을 높힐 수 있다.

사전실습을 통해 얻을 수 있는 효과는 다음과 같다(석은조, 오성숙, 2017).

첫째, 유아교육기관의 환경, 유아의 발달 및 특성, 교육활동, 교사의 역할 수행 등을 관찰하여 유아교육기관에 대한 이해를 증진시킬 수 있다.

둘째, 유아관찰 및 보조적 수업활동 참여함으로써 효율적인 학습활동에 대한 이해를 넓힘으로 통합적 교육활동에 대한 실천적인 지식을 습득할 수 있다.

셋째, 학습의 보조적 교사로서의 활동을 함으로써 교사의 역할을 이해할 수 있다.

넷째, 정규실습을 체계적으로 준비할 수 있어서 정규실습의 질을 향상 시킬 수 있다.

2) 정규실습

정규실습은 참관, 실제 수업이 함께 이루어진다. 이때의 수업은 다양한 수업을 모두 경험할 수 있도록 계획하여 이루어지며, 실습의 막바지 즈음에는 활동명이 명시된 수업 외에 교육실습생이 직접 주제에 맞추어 활동을 계획한 수업계획 및 실행이 요구되기도 한다.

유아교육기관에서는 교육실습 계획에 따른 실제 정규실습의 계획과 일정에 대해 알아보면 다음과 같다.

(1) 1주차

정규실습의 첫 주에는 지도교사의 수업을 참관하는 것 위주로 이루어지면서 많은 준비과정 없이도 가능한 부분 수업부터 실제 수업지도를 시작하게 된다.

지도교사의 수업참관 시에는 활동내용을 정확하고 상세하게 기록하고 평가하여 자신의 실제 수업에 도움이 될 수 있도록 준비해야 한다. 예를 들어, 이야기 나누기 시작 전의 도입과 같이 다양하고 새로운 방법을 이용하여 이루어질 때 효과적인 수업이 있지만, 동화 듣기 전 부르는 동화시작 노래, 인사나누기 시간에 이루어지는 날짜 알아보기와 출석 확인 등과 같이 지도교사의 흐름을 따라가야 유아들이 혼란스러워하지 않고 이루어질 수 있는 수업이 있기 때문에 실제 수업을 하기 이전에 이러한 흐름을 파악하는 과정이 참관기간 동안 이루어져야 한다.

또한 유아들에 대한 관찰도 함께 이루어져야 실제 수업지도 시, 어려움을 줄일 수 있다.

자유놀이 시간과 같이 교육실습생이 유아들의 활동에 참여 가능할 때에는 여러 유아들의 특성을 더 많이 경험할 수 있으므로, 적극적인 상호작용을 통해 유아들과의 긴밀한 관계를 맺을 수 있도록 해야 한다. 그러나 아직 유아들을 지도하기에는 무리가 있으므로, 갈등상황이나 유아들이 도움을 요청하는 상황이 발생하면 지도교사에게 알려 지도할 수 있도록 한 후, 그 과정을 참관하며 유아들의 생활지도 방법 또한 간접적으로 경험할 수도 있다.

이러한 과정 중에 이루어지는 부분 수업은 단편적인 하나의 수업을 말하며, 한 가지 활동만을 계획하고 준비하여 수행해 보는 과정이다. 이는 교육실습생이 익숙하고 쉽게 할 수 있는 동화와 같은 활동으로 시작하여 새노래 지도, 동시, 게임 등의 활동으로 이루어진다.

이 기간에는 실습의 첫 기간이라 수업계획만으로도 교육실습생에게 큰 부담감을 줄 수 있으므로, 수업자료는 대부분 기관에 있는 것을 활용할 수 있도록 배려가 필요하다. 그리고 교육실습생은 교육계획안 작성에 주력하여, 수업 이전에 미리 작성하여 지도교사에게 검토를 받아가며 여러 번의 수정과정을 거쳐서라도 철저한 계획과정을 가져야 효율적인 수업이 이루어질 수 있다.

(2) 2주차

둘째 주에는 첫 주에 비해 참관의 수가 줄고, 수업도 부분 수업에서 연계 수업으로 한 단계 더 나아간다.

연계 수업은 각각의 활동을 진행하는 것이 아니라 2개 이상의 수업이 연결되며 진행되는 것이다. 따라서 교육실습생은 연계 수업을 계획할 때, 부분 수업과 마찬가지로 지도교사의 검토와 함께 철저한 계획과정은 물론이고, 이에 덧붙여 다른 활동으로의 확장이나 전이가 자연스럽게 이루어질 수 있도록 하는 효과적인 방법에 주력해야 한다.

예를 들어 '동극+미술' 수업은 각각의 '동극'과 '미술'이 이루어지는 것이 아니라 작업이 동극을 위한 활동이 되어 이루어져야 한다. 일반적으로 동극을 준비하는 중에는 필요한 소품을 만들거나 주변에서 찾아보는 과정을 갖는다. 이때 미술활동을 통해 동극에 필요한 소품을 그룹별로 만든다거나 각자의 역할 머리띠를 만들어 동극을 위한 준비활동으로 연결한다면 이 두 가지의 수업은 자연스럽게 연결되어 이루어질 수 있다. 그러므로 이러한 자연스러운 연계 수업을 위해서는 그날 이루어지는 일과를 전반적으로 파악하고 있어야 자신의 수업을 계획하였을 때 수월하게 연결지어 계획할 수 있다. 또한 자연스러운 연계 수업은 일과 속에서 함께 흘러 유아들도 교육실습생의 수업을 생소해하지 않고 적극적으로 참여하게 된다.

(3) 3주차

셋째 주에는 수업의 단계가 연계 수업에서 반일 수업, 종일 수업으로 나아간다. 반일 수업은 하루 일과의 반을 진행하는 것으로 종일 수업 이전에 이루어지는 워밍업 단계라고 볼 수 있다. 일부 유아교육기관에서는 연계 수업에서 바로 종일 수업으로 이어져 교육실습생들이 진행하는데 어려움이 많기도 한다. 연계 수업과 종일 수업은 진행시간 차이만 해도 매우 크기 때문에 이러한 갑작스러운 변화는 교육실습생들에게 충격을 줄 수 있다.

따라서 반일 수업이 먼저 이루어진 후 종일 수업으로 이어져 교육실습생들이 진행하는 데 어려움을 많이 보이기도 한다. 연계 수업과 종일 수업은 진행시간 차이만 해도 매우 크기 때문에 이러한 갑작스러운 변화는 교육실습생들에게 충격을 줄 수도 있다.

따라서 반일 수업이 먼저 이루어진 후 종일 수업으로 이루어지는 것이 바람직하다. 반일 수업은 점심시간을 기점으로 오전과 오후로 나누어 이루어진다.

먼저 셋째 주에는 오전 반일 수업이 이루어져 그 동안 해 온 부분 수업과 연계 수업이 통합적으로 이루어진다고 볼 수 있다. 반일 수업은 연계 수업보다 활동의 종류가 더 많고 시간도 길게 이루어지므로, 유아들이 자칫 교육실습생의 수업을 지루해하거나 힘들어 할 수 있다.

그러므로 교육실습생은 교육활동을 계획에 따라 달성해가는 과정에서 유아들이 흥미를 잃지 않도록 하기 위한 재미있는 요소를 많이 담을 수 있도록 해야 한다. 이는 종일 수업에서는 더 많이 필요로 할 수 있다.

종일 수업은 하루 일과의 시작부터 끝까지 모두 교육실습생이 계획하고 준비하여 실행해보는 과정으로, 정규실습을 종합하고 마무리하는 '실습의 핵심'이라고 할 수 있다(류진희, 2000). 그러므로 일일교육활동 뿐 만아니라 한 주간의 모든 활동이 담긴 주간교육계획을 미리 파악하고 있어야 한다. 교육계획안 계획작성시 그 어느 때보다 철저하게 계획하고 검토 받는 과정이 필요하며, 활동의 전개에 따른 시간 구성이 실현 가능한가를 꼭 짚어봐야 한다. 교육실습생이 종일 수업을 진행하는 날이면 대부분 귀가시간이 늦어져 결국 지도교사가 개입하여 귀가를 서둘러시키게 되는 일이 발생한다. 교육실습생이 철저하게 계획을 세웠음에도 이러한 일이 발생하는 이유는 계획 시 시간을 적절하게 배분하지 않고, 지도교사와 같은 패턴으로 구성했기 때문이다. 경력교사의 경우, 일과를 진행하는 데 있어 자신의 경험과 노하우를 통해 융통성 있게 진행하는 것이 가능하지만 교육실습생은 짜놓은 계획안대로 진행하다보니 시간이 지연될 수밖에 없는데다가, 한번 지연되면 계속해서 밀리게 되어 결국 귀가시간이 촉박하게 되는 상황이 나타난다. 그러므로 종일 수업 계획 시에는 각 활동마다 필요한 시간을 적절하게 배분하고 중간 중간 이루어지는 활동시간에 5~10분 정도를 더 계획해놓는 것이 필요하다.

(4) 4주차

실습의 마지막 주인, 넷째 주에는 정규실습의 과정을 총정리하는 시간이 되므로, 수업은 연계 수업과 오후 반일 수업, 종일 수업이 모두 이루어진다. 이 기간에는 앞서 3주 동안 경험했던 모든 시행착오들을 교훈 삼아 부족했던 활동을 다시 한 번 구상해 보고, 유아의 발달과 흥미에 적합한 새로운 활동을 직접 구상해서 시도해 보며 실습이 마무리 될 수 있도록 해야 한다.

실습기간 중에는 소풍, 견학, 어린이날 행사와 같이 기관에서 이루어지는 행사 참관도 함께 경험함으로써 행사의 진행과정이나 교사의 역할 및 조력자의 역할도 경험할 수 있다.

이와 같이, 계획서에서 나타나듯이 실습의 셋째 주와 넷째 주에는 수업이 많이 이루어진다. 그러므로 실습 이전에 또는 실습 초기 기간에 계획서가 주어지면, 미리 주의집중방법이나 여러 가지 도입자료들을 계획하고 준비해 놓으면 훨씬 수월하게 실습에 임할 수 있을 것이다.

또한, 교육실습 기간 중에는 수업자료 제작 및 교구 제작도 함께 이루어지는데, 이는 기관마다 차이를 보인다. 그러나 대부분 앞서 말한대로 실습 초반에는 기관의 자료를 활용함으로써 수업 준비에만 주력할 수 있도록 할 것이다. 또한 교육계획안 작성 및 실습일지 작성은 밀리지 않고 이루어질 때 실습이 효과적으로 이루어질 수 있다.

3) 사후실습

현재 이루어지고 있는 교육실습과정에서 사후실습은 유아교육기관마다 여건이 다르고 의무성을 띠지 않는다.

사후실습은 주 1~2회 현장을 방문하여 지도교사에게 지도를 받으며 정규실습과 연속선상에서 운영되어 교사로서의 발달을 지속적으로 도모할 수 있도록 하는 것이다.

사후실습은 이미 경험했던 것을 보완하고 수정해가는 과정이므로, 사전실습과 정규실습에 비해 사후실습이 차지하는 비중이 적어 보이나, 실상은 더 큰 의미를 갖고 있다. 이는 예비유아교사가 자신의 부족함을 찾고 이를 채워갈 때 전문적인 교사의 길로 드러설 수 있기 때문이다.

3. 실습의 법적 기준

유아교육기관 실습은 '유치원 및 초등 · 중등 · 특수학교 등의 교사자격 취득을 위한 세부기준'(교육부, 2019)과 '교원자격검정실무편람'(교육부, 2019)에 근거하여 시행되고 있다.

1) 학점기준

■ 2017학년도 입학자 이후

구분	학 점	내 용
교직이론	12학점, 6과목 이상	일선 교육현장에서 필수적으로 요구되는 최소한의 교직이론영역(교과목명 일치)
교직소양	6학점 이상	교직실무(2학점), 특수교육학개론(2학점), 학교폭력 예방의 이론과 실제(2학점)
교육실습	4학점 이상	학교현장실습 2학점 이상(수업실습, 참관실습, 실무실습 등), 교육봉사활동 2학점(P/F제 가능) 이내 포함

2) 교육실습 영역

교과목	기본교수요목
학교현장실습	• 대학에서 교육실습 이론교육을 이수한 후 유치원 및 초등·중등·특수학교에서 직접 교육실습을 실시한다. ※ 운영형태: 참관실습, 수업실습, 실무실습(보건교사, 사서교사, 전문상담교사, 영양교사는 직무중심의 실무실습을 주로 하되, 참관 및 수업실습도 병행가능) • 대학의 장은 선정된 협력학교의 여건을 고려하여 매년 학교현장실습계획을 수립 시 다음과 같은 사항을 반영한다. 1. 참관·수업실습: 교과(군)수업과 창의적 체험활동 수업참관을 포함 2. 실무실습: 취득하고자 하는 자격증의 직무 및 수업, 학생평가 실무를 포함 3. 학교현장실습의 구체적 실습 목적에 따라 구분하여 운영 권장
교육봉사활동	• 유치원 및 초·중·고등학생을 대상으로 보조교사, 부진아 학생지도, 방과후교사, 초등돌봄교실 및 자유학기제 관련 활동, 학생 생활지도 관련 활동, 재능기부 등을 교육적인 방법으로 교육봉사를 실시하며, 세부기준은 대학에서 정한다. ※ 최소 30시간 이상을 1학점으로 인정, 졸업 시까지 일정 시간 이수

■ **교육실습영역 학점 당 기준시간**

- **학교현장실습:** 전일제로 실시하는 경우 1학점당 2주로 하며 학교현장실습 기간 중 공휴일 등이 포함되어도 상관없음. 단, 실습기간이 연속되지 않은 학교현장실습은 1학점당 80시간 이상을 기준으로 함.

4. 실습을 위한 준비

1) 대학의 준비

대학은 먼저 실습의 목적에 부합되는 실습과정과 내용에 대한 구체적인 계획을 세워야 한다. 계획에 맞춰 실습생들에게 좋은 모델을 제공할 수 실습기관을 선정하고, 실습생의 요구와 개인적 특성에 맞는 실습생 배정을 한다. 또한 실습생들에게 현장실습에 대한 사전교육과 실습기관 지도교사와의 사전협의를 통해 효율적인 현장실습의 준비를 해야 한다.

다음은 대학에서 현장실습을 위해서 준비해야 할 구체적 사항을 제시하면 다음과 같다(박은혜, 조운주2015, 윤경수,2015)

① 현장실습 과정 및 내용 계획

- 실습학점
- 실습학기 및 시기
- 실습내용 및 방법
- 실습지도

- 실습 평가

② 실습기관 및 지도교사 선정

- 실습기관의 위치, 거리, 교통편을 고려하여 선정
- 실습기관의 규모를 고려하여 선정
- 대학의 교육철학과 맞는 실습기관 선정
- 실습생을 지도할 의지가 있는 실습기관 선정
- 원장의 교육관 고려하여 선정
- 실습생 지도 경험이 있는 경력교사를 지도교사로 선정
- 지도교사 교육에 참여한 교사를 지도교사로 선정
- 실습생을 지도할 의지가 있는 교사를 지도교사로 선정

③ 관련 공문서 및 서류 준비

- 실습생 명단
- 지도교사 명단
- 실습협조 공문
- 실습결과 보고서
- 실습협조 사항
- 학교현장실습 협력학교 지정증명서
- 현장실습비 지급서
- 실습 만족도 조사지

④ 실습생 배정

- 실습생의 희망 조사
- 실습생 주소지 확인

⑤ 사전교육 및 협의회

- 실습생 사전교육
- 지도교사 사전교육
- 실습기관 및 지도교사와 사전 협의회

2) 실습생의 준비

실습생은 배정된 실습기관의 주소, 전화번호, 위치, 홈페이지 등 기본적인 정보를 파악하고 적어도 실습 1주일 전에 사전방문을 하는 것이 좋다. 사전방문은 실습이 이루어지기 전에 미리 실습기관을 방문하여 실습에 대한 사전정보와 안내를 받는 것이 주된 목적이나, 실습생으로서 실습기관에 첫 인사를 드리는 과정으로 실습생의 이미지 또한 매우 중요하다.

따라서 사전 방문 시 미리 정해진 약속시간에 단정한 복장으로 예의를 갖추어 방문하는 것이 좋다. 학교에서 준비한 실습관련 서류와 신상소개서, 자기소개서, 실습일지, 결과보고서, 출근부, 등을 함께 제출한다. 또한 실습지 배정 후 정규 실습의 준비로 실습생은 실습기관의 교육활동의 특성, 교육프로그램 및 주제 등을 파악하여 실습에 필요한 교수자료를 준비하는 것도 좋다. 개인이름표, 실습일지, 필기도구수첩, 실내화, 앞치마 등 실습을 위한 물품을 준비하며, 사전방문 시 별도의 준비물을 실습기관에 문의하는 것도 필요하다. 실습생은 이러한 실습 사전 준비로 현장실습에 대한 불안과 걱정을 해소하고 현장에 대한 인식과 실습적응을 높힐 수 있다.

다음은 실습을 앞두고 미리 알아두거나 준비해야 할 사항들을 소개하낟.

(1) 실습지에 대한 정보 및 제반사항 미리 숙지

교육실습이 이루어지는 현장마다 형식적으로나, 내용상으로 제반사항이 차이가 있으므로 교육실습생은 이에 대해 미리 숙지하는 과정이 필요하다. 이는 사전 방문이나 홈페이지 방문을 통해 가능한데, 이왕이면 직접 방문하여 자세한 사항을 미리 알아보고 오는 방법이 더 이해를 도울 수 있을 것이다.

현장을 방문하기 전에는 미리 연락을 취해 방문 날짜와 시간 등을 정한 후 방문하는 것이 현장 측에도 무리가 없다.

현장에 도착하면 전체 교직원들과 인사를 나누고 자신을 소개한다. 지도교사가 정해지게 되면 교실을 포함한 유치원 내의 각 시설의 위치가 눈에 익을 수 있도록 천천히 둘러보고 메모 가능한 것은 메모하도록 한다.

유아교육기관에서 준비한 배치도가 있다면 미리 챙겨두어 본격적인 실습이 시작되기 이전에 각 교실 및 교재실 등의 위치를 파악해두는 것이 필요하다. 또한 기관 내의 시설 및 기자재 사용방법도 함께 알아두면 사용 시 어려움을 덜 수 있다.

① 유치원 배치도 파악

먼저 실습유치원의 배지도를 받아 유치원 내에서 이용할 수 있는 장소의 위치를 찾거나 자신의 동선을 예측해볼 수 있다.

② 시설 및 기자재 사용방법 먼저 알기

유치원 내에는 여러 가지 시설이 설치되어 있고, 다양한 기자재를 사용하고 있다. 다음은 각 장소에 있는 시설 및 기자재 사용방법과 주의점이다.-

a. 교실

- 교실 내 전자제품(식기 건조기, 칫솔 살균기, 청소기, 가습기 등) 사용 시 조심해서 다루어야 한다.
  - 식기 건조기와 칫솔 살균기 내부는 2~3일에 한 번 깨끗한 걸레로 닦는다.
  - 청소기 먼지 통은 1주일에 한 번 비운다.

- 위험한 부분(모서리, 콘센트, 전선, 문틈 등)이 노출되어 있을 경우 담임교사에게 알린 후 빠른 조치를 취할 수 있도록 해야 한다.
- 글루건과 같은 위험한 도구는 유아들과 있을 시 절대 사용하지 않는다.
- 벽이나 천장에 부착된 자료가 떨어졌을 경우 담임교사에게 알리고 스스로 가능한 것은 부착할 수 있도록 한다.
- 교실 내 쓰레기통은 최소한 1주일에 한 번은 물로 세척 후 건조하여 청결 상태를 유지할 수 있도록 한다.

b. **교실 내 교재실**

- 정리된 교구는 사전 지도교사에게 이야기한 후 사용해야 한다.
- 개인물품(옷, 가방, 재료)이 널려 있지 않도록 한다.

c. **화장실**

- 휴지가 없는 것이 발견되면 휴지를 걸어준다.
- 페이퍼 타월이 떨어져 있는지 확인 후 채워준다.
- 쓰레기통과 개수대 속 망 바구니는 청소 시 매일 비워주어 깨끗함이 유지되도록 한다.
- 항상 청소할 때는 창문을 열도록 하고, 끝난 후에는 닫은 후 확인한다.

d. **조리실**

- 간식 접시(주전자), 카트는 사용 후 닦아서 제자리에 정리한다.
- 뒷문 밖에 있는 분리수거장에서 쓰레기 비울 시 가능한 만큼 부피를 줄여 분리수거를 철저하게 한다.

e. **자료실**

- 재료는 필요한 만큼만 가지고 이동(남은 것은 제자리에 정리)한다.
- 색지와 시트지는 가능하면 조각을 사용한다.

- 교구 정리 시 라벨에 적힌 순서대로 정리한다(대부분 담임교사가 함).

f. 바깥놀이터

- 사용한 물건은 제자리에 정리한다.
- 아이들과 이용 시 안전사고 유의가 필수다.

(2) 교육실습생의 기본 자세 및 마음가짐

교육실습생은 실습이 이루어지는 한 달간 다녀가는 손님이 아닌 일원으로서의 마음가짐을 가지고 배우는 자세로 임해야 한다. 실습기간 만큼은 '내 반의 내 아이들'이라는 마음을 가지고 생활해야 교육실습생도 교사로서의 실제적인 업무와 감각을 배울 수 있다.

다음은 실습기간 동안 교육실습생이 지켜야 할 기본적인 태도에 대한 내용을 소개한다.

① 인사

실습지도교사뿐만 아니라 모든 교사에게도, 또한 간혹 마주치게 되는 학부모님 대면 시에도 인사를 통해 그 교육실습생의 이미지가 형성될 수 있다. 그러므로 인사는 기본이 되어야 한다. 이는 유아들과의 관계에서도 마찬가지이다. 유아들에게 받기를 기다리기보다 먼저 건네어 유아들에게 모델링이 될 수 있도록 하는 노력이 필요하다.

지도교사와 교육실습생이 함께 등·하원 차량지도가 이루어지는 기관의 경우, 학부모들을 직접 대면하게 되는 상황이 많으므로 더욱 인사에 신경을 써야 한다. 항상 친절하고 다정한 태도와 미소로 건내고 대화를 나눌 수 있도록 해야 한다.

교육실습생은 자신이 실습하고 있는 기관의 교사가 아니라는 생각을 스스로 가지고 있기 때문에 고의가 아님에도 인사를 하지 못하는 경우가 있다. 이런 경우 전혀 상황을 알지 못하는 학부모의 입장에서는 오해를 살 수 있다. 현장에는 담임교사 외에 다른 반 담임교사, 원감, 원장 그 외 기관에 따라 서무 등이 있으므로 교육실습생이 이러한 마음으로 인사를 거부할 경우, 오해로 인해 자신의 이미지에 부정적인 영향을 줄 수 있다.

따라서 먼저 교육실습생 스스로가 손님이 아닌 일원으로서의 마음가짐을 갖고 다가가 필요에 따라 실습교사임을 소개하고 인사를 건네려는 태도를 가져야 한다.

② 언어

언어사용은 신중하게 이루어져야 한다. 유아기의 특성상 눈높이에 맞춘 교육의 기본이 언어임을 기억해야 한다. 간혹 유아들과의 대화에서 비어, 속어 등을 무의식적으로 사용하는 경우가 종종 발생하는데 이러한 경우, 유아들에게 직접적으로 부정적인 영향을 미칠 수 있다. 그러므로 미리 의식하고 조심해야 한다. 또한, 사투리를 사용할 경우, 긍정적이지는 않을 경우도 있다. 지역적인 차이가 있긴 하지만, 만 4, 5세와 같이 한글에 관심을 한참 보이는 연령대의 유아들에게 혼란을 줄 수 있다. 하나의 일화로 자유놀이시간 중에 한 유아가 교육실습생에게 "선생님, 이거 내가 만든 비행기인데 우주까지 갈 수 있어요"하고 이야기하자 교육실습생이 "기야?(그래?)" 라는 말을 사용했는데 처음에는 무슨 뜻인지 몰라 의아해하던 유아가 곧 그것을 따라 하며 다른 유아에게 사용할 수 있다.

지도교사를 비롯한 모든 교사들 그리고 함께 실습하는 교육실습생들에게도 존대어를 사용해야 한다. 간혹 유아들 앞에서 교육실습생들끼리 말을 놓거나 너무 편안하게 행동하는 모습이 보여 유아들이 "왜 선생님들이 이렇게 해요?"하고 묻는 상황이 나타난다. 또는 교육실습생들끼리 '너'라는 호칭을 사용하는 모습을 유아들에게 보여 "선생님이 OO반 선생님한테 너라고 부른다. 너!"하고 바로 따라 하는 모습을 보이기도 한다. 비록 현재는 교육실습생일지라도 교육실습생 자신 스스로 먼저 교사 위치에 서서 이야기하고 행동하는 모습을 보여야 한다.

③ 옷차림

실습기간 중에는 가능하면 움직임이 편안한 복장을 갖추어야 유아들과의 수업에서나 이동에 무리가 없다. 그러나 아주 편안함을 갖기 위해 트레이닝복과 같은 것은 피해야 한다. 최소한의 교사로서의 옷차림을 갖추되, 너무 짧은 치마나 바지와 같이 교육실습생 스스로에게도, 보는 유아나 지도교사, 학부모에게도 불편한 복장은 피하도록 한다.

④ 마음가짐

실습이 시작되고 시간이 지남에 따라 몸도 마음도 지쳐가는 것을 느끼게 된다. 이는 점차 수업의 양과 그 수업을 위한 준비과정이 늘어감에 따라 더욱 힘겨움이 커지는 것이다. 힘겨움이 고조에 올랐을 때는 '그만 둘까?'하는 마음까지 들기도 하는 실습생도 나타나는데 이럴 때일수록 '나는 배우는 실습생이다'라는 마음으로 스스로를 다져야 한다.

그리고 자신이 하고 있는 현재의 수고가 교사로 거듭나기 위한 하나의 통과의례이며, 이 의례를 통과하고 나면 '진짜 교사'가 될 수 있는 길로 들어설 수 있다는 자신감을 갖는 것이 중요하다.

또한 몸이 힘들면 힘겨움이 배가 될 수 있으므로 실습 이전부터 실습이 끝날 때까지 체력관리를 해야 한다. 가능한 한 시간을 잘 활용하여 잠은 충분히 자야 한다. 실습기간 중에는 아무래도 잠을 충분히 자기 어려운 상황이 종종 나타나 피곤한 모습으로 수업에 임하게 된다. 이러한 상태로 이루어지는 수업은 교육실습생 스스로에게도, 수업에 참여하는 유아들에게도 부정적인 결과를 미치게 될 수 있다.

그러므로 주말 시간을 잘 활용하여 미리 준비할 수 있는 것, 예를 들어 수업에서 필요한 도입자료, 손유희 등은 미리 계획하고 준비해 놓으면 평일 중에 준비할 시간을 줄일 수 있다. 주말 외에도 수업이 많이 없는 첫 주를 활용해도 좋다.이처럼 교육실습생 스스로 시간 활용을 효율적으로 하여 체력과 컨디션 관리가 잘 이루어져야 효과적인 실습이 이루어질 수 있다.

⑤ 필요한 자료 준비

교육실습의 주체는 다름 아닌 교육실습생 스스로임을 알고 완성도 높은 실습이 이루어지기 위한 자료를 알아보고 준비하면 좋다. 실습이 단순한 경험으로 끝나지 않고 반성적 실습이 이루어지기 위한 하나의 방법으로 '저널쓰기'를 준비할 수 있다. 석은조, 정금자(2006)의 연구에 따르면 저널쓰기 활동은 예비유아교사의 자기효능감 증진에 긍정적인 영향을 준 것으로 보고되어 있어 저널쓰기가 교사 역할 수행에 대한 자신감을 증진시켜 줄 수 있는 하나의 방법임을 알 수 있다. 즉, 실습을 통해 교육실습생은 교사 역할을 경험해보고 이러한 경험을 저널로 적어봄으로써 자신의 행동이나 어투, 교수방법 등을 구체적으로 반성해보고 다음 활동에 참조할 수 있다. 이러한 반성과 참조가 반복되어가며 교육실습생 스스로의 변화가 저널을 통해 나타나고 결국 교사역할 수행에 자신감을 가질 수 있을 것이다. 그러므로 적은 양이라도 매일 매일 저널로 기록해 놓는 과정이 이루어지기 위해 실습 이전부터 미리 틀을 준비해두어도 좋다.

또한 실습기관 중에 자신이 활동하는 자료부터 지도교사에게서 얻을 수 있는 모든 자료까지 정리하여 하나의 포트폴리오를 만들어 둔다면 후에 교사가 되었을 때에도 좋은 자료가 될 것이다. 그러므로 포트폴리오를 위한 구체적인 계획을 세우고 파일을 함께 준비해두는 것도 효과적인 실습을 위한 준비과정이 될 수 있다.

⑥ 그 밖의 준수사항

실습생이 부득이하게 갑자기 출근을 못할 경우, 반드시 실습기관에 연락을 해야 한다. 또한 지도교사에게도 함께 연락을 주어야 미리 상황을 준비할 수 있다. 그러므로 기관과 지도교사의 연락처를 미리 알고 있도록 해야 한다.

또는 특별한 사정이 있어 예정된 날짜에 결근해야 할 경우, 미리 이야기하여 지도교사와 원감, 원장과 대책 마련을 위한 의논 과정이 필요하다. 그렇지만 가능하면 결근은 없도록 해야 한다.

유아와의 생활 중에 특별히 관찰된 내용이나 학부모의 전달사항은 지도교사에게 신속하게 알려야 한다. 만약 바로 알릴 수 없는 상황이라면 꼭 메모하여 잊지 않도록 한다. 또한 앞에서의 사례와 같이 유아들의 얼굴을 허락없이 함부로 찍지 않는다. 아이들의 얼굴이 함부로 공개될 경우, 기관과 교사 모두 곤경에 빠지는 상황이 생길 수 있다.

유아가 복용 할 약을 가지고 온 경우, 이름 기재 후 약통에 넣고 지도교사에게 알려야 한다. 유아가 주는 약을 자신의 앞치마에 넣고 잊거나 자신만 알고 지도교사에세 전달하시 않아 복용하지 못한 사례들이 많이 있다. 이런 경우, 모든 책임은 지도교사에게 있게 되므로, 배우며 도움을 주는 입장에 있는 교육실습생은 신중해야 하며 사소한 것도 메모하여 기억할 수 있도록 해야 한다. 이러한 경험은 결국 교육실습생 자신이 교사가 되었을 때에 직접적인 도움을 줄 수 있다.

유아들의 생활지도는 전, 후 상황을 잘 알아본 뒤 신중하게 이루어져야 한다. 섣부른 판단으로 인한 지도는 유아들에게 깊은 상처만 남기게 되므로 유아들에게 지도가 필요한 부분이 발견되면 되도록 지도교사에게 상황을 설명한 후 도움을 얻어 지도해 보는 것이 가장 효율적으로 이루어질 수 있는 방법이다. 이러한 지도교사의 도움에 의한 생활지도 경험을 많이 쌓아가다 보면 교육실습생이 교사가 되었을 때 많은 도움이 될 것이다.

3) 실습기관의 준비

실습기관에서도 실습생과 실습지도에 관한 구체적이고 총채적인 사전계획과 준비가 필요하다. 실습생에게 실습기관에 대한 전반적인 소개, 근무하는 교원에 대한 소개, 실습과정의 계획과 지도내용, 실습 시 지켜야 할 사항, 실습생의 역할과 태도, 실습평가 등에 대한 세부적인 계획을 세워 실습생을 맞이하고 지도해야 한다. 원장은 실습기관의 대표자로서 대학과 협의 하에 현장실습생을 배정받으며, 효과적인 현장 실습을 위해 사전에 실습제반에 대한 지침을 지도교사와 협의하여 수립해주어야 한다.

※ 실습기관에서의 실습준비 사항(박은혜, 조운주, 2020)

- 교육실습생을 맞이하기 위한 계획
- 교육실습생을 위한 사전교육 계획(장소, 담당자, 교육 자료 등)
- 교육실습 지도교사 선정
- 교육실습 지도 일정, 지도 및 평가 방법 계획

4) 실습관련 제출 서류

① 실습생 신상카드

실습생의 신상카드는 이력서와 같은 역할로 실습생 자신의 기본적인 신상에 대해 진술한 서류로 작상하여 실습기관에 제출한다. 신상기록부는 거짓이나 과장 없이 객관적인 사실을 기술해서 작성하여야 한다.

■ 신상카드 작성요령

- 신상카드는 검정색 펜으로 작성하며 수정펜은 사용하지 않도록 한다.
- 사진은 최근 3개월 이내에 찍은 증명사진을 사용하며 과도한 사진보정작업은 삼간다.
- 집 주소는 전체의 주소를 번지수까지 정확하게 기재한다.
- 가족관계는 나의 입장에서 관계를 기재한다.
- 학력사항은 고등학교 때부터 기재하며 졸업을 하지 않은 경우는 졸업예정으로 작성한다(예: OO고등학교 졸업, OO대학 졸업예정).
- 자격면허 사항은 자격 내용과 취득일(또는 취득 예정)을 기술하여야 한다. 예 : 유치원 정교사 20OO년 O월 취득 예정
- 업무상 특기사항은 위의 기재사항 외에 유아교육 관련 특정 능력, 기술, 활동 등을 기재한다.
- 사회봉사 및 연수사항에는 대학생활 중의 교내봉사활동(조교, 학생회 임원 등) 및 교외 봉사활동(종교기관 유치부 교사, 보육원 자원봉사 등), 어학연수 등의 내용을 기재한다.
- 기타사항은 교내외 활동(동아리, 봉사단체등)을 기재하고 취미, 특기, 종교 관련 해당 내용을 빠짐없이 작성하되 특별히 기재할 내용이 없을 경우에도 "없음"이라 기재한다.
- 날짜란에는 제출 날짜를 기재한다.
- 마지막에 이름을 적고 본인 도장이나 서명을 한다.

〈실습생 신상카드 예시〉

교육실습생 신상카드

<table>
<tr><td colspan="6" rowspan="1"></td><td rowspan="2">칼라사진
3 × 4 ㎝</td></tr>
<tr><td rowspan="2">성 명</td><td colspan="5">(한글)</td></tr>
<tr><td colspan="3">(한자)</td><td>주민등록
번호</td><td colspan="2"></td></tr>
<tr><td>생 년 월 일</td><td colspan="6">20 년 월 일생 (만 세)</td></tr>
<tr><td rowspan="2">현 주 소</td><td colspan="3" rowspan="2"></td><td>집</td><td colspan="2"></td></tr>
<tr><td>휴대폰</td><td colspan="2"></td></tr>
<tr><td>긴급연락처</td><td colspan="6"></td></tr>
<tr><td rowspan="3">학 력</td><td>년 월 일</td><td colspan="5">고등학교졸업</td></tr>
<tr><td>년 월 일</td><td colspan="5">대학교 과 입학</td></tr>
<tr><td>년 월 일</td><td colspan="5">대학교 과 졸업예정</td></tr>
<tr><td>업무상
특기사항</td><td colspan="6"></td></tr>
<tr><td rowspan="3">자격면허</td><td colspan="2">취 득 일</td><td colspan="2">종 류</td><td colspan="2">발행처</td></tr>
<tr><td colspan="2"></td><td colspan="2"></td><td colspan="2"></td></tr>
<tr><td colspan="2"></td><td colspan="2"></td><td colspan="2"></td></tr>
<tr><td rowspan="3">사회봉사
및 연수</td><td colspan="6"></td></tr>
<tr><td colspan="6"></td></tr>
<tr><td colspan="6"></td></tr>
<tr><td rowspan="2">기 타</td><td>교내외활동</td><td colspan="5"></td></tr>
<tr><td>취 미</td><td></td><td>특 기</td><td></td><td>종교</td><td></td></tr>
<tr><td colspan="7">위에 기재한 사항은 사실과 틀림이 없음을 확인합니다.

년 월 일

성 명 (인)</td></tr>
</table>

② 자기소개서

자기소개소는 실습기관에 실습생으로서 자신의 첫인상을 알리는 것으로 진솔하면서 성실하게 작성하여야 한다. 일반적으로 어린 시절부터 자신의 성장과정을 작성하고 성격을 표현하는 등의 보편적인 내용보다는 특히, 유아교사의 꿈이 시작된 동기나 계기, 유아교사나 교육기관에서의 경험담이나 에피소드 등을 담는 것이 좋을 것이다.

다음은 자기소개서에서 구성에 따른 작성요령을 살펴본다.

■ 성장과정

성장과정은 현재 자신을 이루는 원형적 부분이다. 자신에게 대해 가장 솔직하고 도덕적이지 않는 표현으로 자신의 이미지를 자연스럽게 부각시켜야 한다. 성장과정중의 구체적 에피소드를 활용하여 성격, 성향, 교육관 등이 나타날 수 있도록 작성한다.

■ 성격의 장단점

자신의 성격을 객관적으로 기술하며, 구체적인 예나 사례를 들어 소개한다

특히, 예비유아교사와 실습생으로서의 자신의 강점 및 경쟁력을 드러내는 것이 좋다.

■ 유아교육과를 선택한 이유

성장과정과 연결하여 유아교육과를 입학하게된 동기를 에피소드를 활용하여 작성한다.

■ 학교생활

학교생활은 자기소개서에서 다루는 핵심부분으로, 전공, 자격증, 어학연수, 사

회봉사활동, 동아리활동, 아르바이트 등의 활동 경험을 기술하면서 자신의 능력과 인성 등을 나타낼 수 있도록 기술한다. 학교생활을 나열식으로 작성하기보다는 경험을 통해 무엇을 느꼈고 배웠는지 교직 실무에 어떻게 활용할 것인지를 나타내는 것이 바람직하다.

■ 실습에 임하는 생각

이번 실습에 임하기 위해 어떤 준비 과정을 있었는지, 자신의 생각과 마음가짐은 어떠한 지를 구체적이고 진솔하게 작성한다.

■ 자신이 꿈꾸는 교사상

자신의 교육관이나 아동관을 예를 들어 설명하고 장래 교사가 된다면 어떤 교사로서의 역할과 업무를 어떤 각오로 임하거나 갖추기를 바라는지를 구체적이고 의욕적으로 기술하는 것이 좋다.

〈실습생 자기소개서 양식 예〉

성장과정	
성격소개	
유아교육과를 선택한 이유	
대학시절에 학교생활은 어떠했는지	
실습에 대한 생각	
어떤 교사가 되겠는가 (자신이 꿈꾸는 교사상)	

5. 유아교사의 교직윤리

윤리는 인간이 사회생활 속에서 지켜야 하는 규범, 인간의 자율적 판단에 근거하며 사람들의 양심이나 사회의 습관을 기본으로 하여 사회적 규범에 합치되는 것 등으로 정의한다.

교직 윤리는 교사가 그 직무수행과 관련하여 스스로 또는 관련된 다른 사람들에 대하여 지켜야 할 것으로 기대되는 사회적 규범으로, 교직사회라는 특징 사회의 윤리이며 교직사회의 구성원인 교사들에게 의하여 지켜져야 할 것으로 기대되는 사회규범이자 행동준칙이라고 할 수 있다(임승렬, 2002). 유아교사의 교직윤리는 교사들이 교직을 수행하면서 스스로 실천하기를 기대하는 규범이라고 정의할 수 있다.

교직윤리의 규율은 강제적이고 타율적인 것이 아니라 자발적이고 능동적이다. 스스로 실천하기를 기대하는 규범으로 전문직으로 자율적 재량이 부여되었다고 하더라도 규율 없이 개인 마음대로 하는 것이 아니다. 교직은 인간을 교육하는 것으로 다른 직종보다 높은 도덕관과 윤리관을 가지고 있어야 한다.

교사들의 윤리강령은 전문직의 이상들, 가치들, 책무들을 설명한 것으로 전문직 단체들에 의해 공식적으로 받아들이긴 문서를 의미한다.

우리나라에서는 유아교사만을 위한 윤리강령은 따로 존재하지 않으며 대신 모든 교사에게 적용되는 윤리규정인 사도강경과 사도헌장이 있다.

대한교육연합회에서는 일찍이 교원윤리강령(1958)을 제정하고 교원들을 위한 윤리적 행위의 지표를 제시한 바 있다. 교원윤리강령은 보다 최근에 교직단체와 교직사회의 환경변화와 한국사회의 가치관의 변화 등을 반영하여 윤리요강을 체계화 함으로써 사도강령이라는 이름으로 재구성하여 공포하였다(대한교육연합회, 1982).

사도강경은 전문과 제1장, 스승과 제자, 제2장 스승과 자질, 제3장 스승의 책임, 제4장, 교육자와 단체, 제5장 스승과 사회 총 5개영역으로 구성되었으며 각 영역별 내용을 살펴보면 다음과 같다.

제1장 스승과 제자

스승의 주된 임무는 제자로 하여금 고매한 인격과 자주정신을 가지고 국가 사회에 봉사할 수 있는 유능한 국민을 육성하는데 잇다. 그러므로

① 우리는 재자를 사랑하고 그 인격을 존중한다.
② 우리는 제자의 심신발달이나 가정환경에 따라 차별을 두지 아니하고 공정하게 지도한다.
③ 우리는 제자의 개성을 존중하며 그들의 개인차와 욕구에 맞도록 지도한다.

제2장 스승의 자질

스승은 스승다워야 하며 제자의 거울이 되고 국민의 사표가 되어야 한다. 그러므로

① 우리는 확고한 교육관과 긍지를 가지고 교직에 종사한다.
② 우리는 언행이 건전하고 생활이 청렴하여 제자와 사회의 존경을 받도록 한다.
③ 우리는 단란한 가정을 이룩하고 국법을 준수하여 사회의 모범이 된다.
④ 우리는 학보모의 경제적 · 사회적 지위를 이용하지 아니하며 에에 좌우되지 아니한다.
⑤ 우리는 자기 향상을 위하여 전문적인 지식과 전문화된 기술을 계속 연마하는데 주의한다.

제3장 스승의 책임

스승은 제자 교육에 열과 성을 다하여 맡은 바 책임을 다하여야 한다. 그러므로,

① 우리는 사회의 일원으로서 책임과 의무를 다한다.
② 우리는 교재 연구와 교육자료 개발에 만전을 기하여 수업에 최선을 다한다.
③ 우리는 생활지도와 중요성을 인식하여 제자들이 올바른 사람이 될 수 있도록 지도의 철저를 기한다.
④ 우리는 교육의 성과를 공정하게 평가하고 이를 교육에 충분히 활용한다.

제4장 교육자와 단체

교육자는 그 지위의 향상과 복지의 증진을 위하여 교직단체를 조직하고 적극 참여함으로써 단결된 힘을 발휘할 수 있다. 그러므로,

① 우리는 교직단체 활동을 통하여 교육자의 처우와 근무조건의 개선을 꾸준히 추진한다.
② 우리는 교직단체 활동을 통하여 교육자의 자질 향상과 교권의 확립에 박차를 가한다.
③ 교직단체는 교육의 혁신과 국가의 발전을 위하여 다른 직능단체나 사회단체와 연대 협동한다.

제5장 스승과 사회

스승은 제자의 성장·발달을 돕기 위하여 학부모와 협력하며, 학교와 사회와의 상호작용의 원동력이 되고 국가 발전의 선도자가 된다. 그러므로,

① 우리는 학교의 방침과 제자의 발달상황을 가정에 알리고 학부모의 정당한 의견을 학교교육에 반영시킨다.
② 우리는 사회의 실정을 정확하게 파악하고, 지역사회의 생활과 문화 향상을 위하여 봉사한다.
③ 우리는 사회의 요구를 교육계에 반영하며 학교의 교육활동을 사회에 널리 알린다.

[예비교사 사도강령 선서식]

Chapter

02

교육실습생의 인간관계

Chapter 02

교육실습생의 인간관계

교육실습의 목적이 잘 성취되기 위해서는 교육실습에 직접 · 간접으로 관련을 가지는 사람들이 학교현장 실습의 목적을 분명히 그리고 호의적으로 수용하고 상호 협력하는 자세를 가져야 한다. 교육실습에 관여하는 사람은 많지만 가장 중요한 사람들은 실습생, 지도교사, 지도교수 그리고 원아들이다.

대학의 지도교수와 원아들의 관계를 제외하고는 서로가 상호작용과 상호 도움을 필요로 하는 밀접한 관계를 가지고 있는데 다음은 실습기간 동안의 직, 간접적으로 맺게 되는 인간관계에 대해 살펴보고자 한다.

1. 실습생과 지도교사의 관계

실습유치원의 지도교사는 교생의 교육실습에 있어서 일차적인 책임을 지는 중요한 지위에 있다. 일반적으로 실습유치원의 원장은 가장 뛰어난 교사를 지도교사로 임명하기 때문에 지도교사는 실습기관의 대표적인 교사이다.

따라서 지도교사는 자기의 담당 학급과 교과 학습에 대한 책임을 가지는 동시에 실습생의 교육실습을 지도할 책임도 지게 된다.

지도교사가 실습을 위하여 수행해야 될 역할을 요약하면 다음과 같다(석은조,

오성숙 2017).

- 실습생의 특성을 잘 파악하고 교사로서 갖추어야 할 직무 능력을 구체적으로 지도하는 일
- 실습생들의 학급관리 등 운영 전반에 대해 지도하는 일
- 실습들에게 교사로서 갖추어야할 인성 및 태도를 지도하는 일
- 교실에서 일어날 수 있는 문제 상황을 효율적으로 해결해 갈 수 있도록 지도하는 일
- 실습생을 평가하는 일

다음은 실습의 특성과 그에 따른 노력, 실습지도교사의 지도 노력에 대해 구체적으로 살펴본다.

〈실습생과 실습지도교사 관계〉

실습생의 특성	실습생의 노력	실습지도교사의 지도 노력
경험해보지 않은 실습에 대하여 불안해한다	실습기관을 사전에 방문하여 환경을 익히고 실습지도교사와의 관계 형성에 노력한다.	실습의 초기에 불안감을 해소하도록 따뜻하게 지원해준다.
실수하거나 다른 실습생에게 뒤쳐질까 봐 걱정한다.	동료 실습생과 서로 협력하고 상호 지원한다.	실습생들을 비교하지 않도록 한다.
자기주도적이어서 학생으로 취급받기를 원하지 않는다.	스스로 할 수 있는 일을 계획하고 역할과 책임을 다한다.	자유롭게 수업을 계획하고 실행하며 표현할 수 있는 기회를 준다.
새로운 것을 배우는 데 진지하고 적극적이다.	새로운 업무에 적극적으로 참여한다.	조금씩 새로운 것을 접할 수 있게 한다.
유아교사로서의 역할을 배우려 하고, 목표가 달성되었는지 평가를 원한다.	유아교사로서 자신의 역할을 스스로 평가한다.	실습생의 역할 수행에 대해서 협의하고 평가하는 시간을 갖는다.
자신의 가치와 견해가 존중되기를 원한다.	생각을 체계적으로 계획하고 실습지도교사와 의논한다.	문제가 발생하는 경우가 아니라면 실습생의 결정을 존중해준다.

실습생의 특성	실습생의 노력	실습지도교사의 지도 노력
자신의 경험에 기초할 때 효과적으로 학습한다.	이전의 경험에 기초하여 적용 할 수 있는 방안을 찾아본다.	실습생이 경험했던 것부터 적용할 수 있게 한다.
유아교사의 역할과 관계된 일에서 발달한다.	여러 가지 업무 중 유아교사의 역할에 최선을 다한다.	되도록 유아교사의 역할과 관련되는 업무를 제공한다.
성인의 신체적 특성을 가지고 있다.	휴식할 수 있는 시간을 갖는다.	실습생을 위한 공간을 마련해주고 가끔 휴식시간을 제공한다.

출처: 박은혜 · 조운주(2007). 반성적 실천을 위한 유아교육실습. 서울: 창지사

2. 실습생과 유아와의 관계

실습생과 학생, 유아들은 서로 밀접한 관계를 갖는다. 유아들의 교생에 대한 호기심은 과 관심을 보인다. 4주간 유아들의 발달 특징과 학습활동을 보면서 유아들에 대한 이해를 높이게 되고 유아들에게 지도하는 방법을 익히게 된다.

유아에 대한 실습생이 지켜야 할 준수사항은 다음과 같다(이선경, 이은정, 2007)

- 배정된 반의 유아들에 대해 잘 알아야 하고, 지도할 경우에는 항상 사랑하고 마음을 지녀야 하며 유아들의 개성과 다양성을 존중해야 한다.
- 유아와의 관계는 교육적이어야 하며, 특정한 원아에 대해 편견을 갖거나 편애를 하면 안된다.
- 일과 후 사적으로 밖에서 만난다거나, 가정방문 등 보호자와 개인적안 관계를 맺어서는 안 된다.

- 어떤 이유에서든지 유아에게 체벌을 가해서는 안 된다. 체벌 이외의 어떤 벌도 실습지도 교사와 상의해야 한다.
- 유아에게 실습이 먼저 모범이 되는 생활 태도를 보여야 한다.
- 유아와 그 가정에 대하 사항은 타인에게 공개해서는 안 된다.

3. 지도교사와 지도교수와 관계

두 사람의 관계는 그들의 고유한 임무 때문에 실제로 대면하기가 어렵다. 대부분의 경우 이들은 지도교수의 정규적인 유아교육 실습 순회 지도에서 만나게 되는 경우가 많다. 지도교수는 직접 방문과 우편을 통하여 지도교사에게 교생의 배경, 교육실습 준비상태, 흥미, 기술, 재능, 그리고 단점 등을 상세하게 알려주어 지도교사를 도와주어야 한다. 또한, 지도교사가 실습생의 교육실습의 상황을 상세하게 전달하는 것은 지도 교수에게 큰 도움이 된다. 교육실습 후 전개되는 종합 평가 및 추수 지도에 유용한 자료가 된다.

4. 실습생과 지도교수와의 관계

실습생과 지도교수는 오랜 협력 관계를 유지해 왔기 때문에 상호 간에 솔직하게 의견교환을 할 수 있는 관계이다. 교육실습을 위한 사전 교육에서 빈번한 면담과 토의과정을 거치는 동안 지도교수는 실습에 대한 다양한 정보를 알고 있어 실습 순회를 통해 적절한 지도와 도움을 줄 수 있다.

5. 실습생과 실습기관 교직원들과의 관계

실습생들은 실습기간 동안 실습기관에 재직하고 있는 모든 교직원들과 관계를 맺게 됨으로 교직원들과 원만한 관계 형성을 위한 태도를 갖추고 있어야 한다.

다음은 교직원들과의 원만한 관계 형성을 위한 유의사항을 제시하면 다음과 같다.

- 기관에 속한 교직원들에게 먼저 적극적인 태도로 밝게 인사하고, 좋은 인상을 주도록 해야 한다.
- 급식 담당자와 차량담당 및 기사님 등에게도 예의 바른 태도를 가진다.
- 동료 실습생들과는 경쟁의식보다는 서로 배려하고 존중하며 협력하는 마음과 태도를 가져야 한다.

Chapter

03

교육과정 이해

Chapter 03

교육과정 이해

1. 누리과정의 이해

(1) 누리과정의 구성방향

① 추구하는 인간상

누리과정이 추구하는 인간상은 다음과 같다.

가. 건강한 사람

나 자주적인 사람

다. 창의적인 사람

라. 감성이 풍부한 사람

마. 더불어 사는 사람

② 목적과 목표

누리과정의 목적은 유아가 놀이를 통해 심신의 건강과 조화로운 발달을 이루고 바른 인성과 민주시민의 기초를 형성하는 데에 있다.

이를 실현하기 위한 목표는 다음과 같다.

가. 자신의 소중함을 알고, 건강하고 안전한 생활습관을 기른다.

나. 자신의 일을 스스로 해결하는 기초능력을 기른다.

다. 호기심과 탐구심을 가지고 상상력과 창의력을 기른다.

라. 일상에서 아름다움을 느끼고 문화적 감수성을 기른다.

마. 사람과 자연을 존중하고 배려하며 소통하는 태도를 기른다.

③ 누리과정의 운영

■ 편성 · 운영

다음의 사항에 따라 누리과정을 편성 · 운영한다.

가. 1일 4~5시간을 기준으로 편성한다.

나. 일과 운영에 따라 확장하여 편성한다.

다. 누리과정을 바탕으로 각 기관의 실정에 적합한 계획을 수립하여 운영한다.

라. 하루 일과에서 바깥놀이를 포함하여 유아의 놀이가 충분히 이루어지도록 편성하여 운영한다.

마. 성, 신체적 특성, 장애, 종교, 가족 및 문화적 배경 등으로 인한 차별이 없도록 편성하여 운영한다.

바. 유아의 발달과 장애 정도에 따라 조정하여 운영한다.

사. 가정과 지역사회와의 협력과 참여에 기반하여 운영한다.

아. 교사연수를 통해 누리과정의 운영이 개선되도록 한다.

■ 교수 · 학습

교사는 다음 사항에 따라 유아를 지원한다.

가. 유아가 흥미와 관심에 따라 놀이에 자유롭게 참여하고 즐기도록 한다.

나. 유아가 놀이를 통해 배우도록 한다.

다. 유아가 다양한 놀이와 활동을 경험할 수 있도록 실내외 환경을 구성한다.
라. 유아와 유아, 유아와 교사, 유아와 환경 간에 능동적인 상호작용이 이루어지도록 한다.
마. 5개 영역의 내용이 통합적으로 유아의 경험과 연계되도록 한다.
바. 개별 유아의 요구에 따라 휴식과 일상생활이 원활히 이루어지도록 한다.
사. 유아의 연령, 발달, 장애, 배경 등을 고려하여 개별 특성에 적합한 방식으로 배우도록 한다.

■ 평가

평가는 다음 사항에 중점을 두고 실시한다.
가. 누리과정 운영의 질을 진단하고 개선하기 위해 평가를 계획하고 실시한다.
나. 유아의 특성 및 변화 정도와 누리과정의 운영을 평가한다.
다. 평가의 목적에 따라 적합한 방법을 사용하여 평가한다.
라. 평가의 결과는 유아에 대한 이해와 누리과정 운영 개선을 위한 자료로 활용할 수 있다.

(2) 영역별 목표 및 내용

■ 신체운동 · 건강

1. 목표

실내외에서 신체활동을 즐기고, 건강하고 안전한 생활을 한다.

1) 신체활동을 즐겁게 참여한다.

2) 건강한 생활습관을 기른다.

3) 안전한 생활습관을 기른다.

2. 내용

내용범주	내용
신체활동 즐기기	신체를 인식하고 움직인다.
	신체 움직임을 조절한다
	기초적인 이동운동, 제자리 운동, 도구를 이용한 운동을 한다.
	실내외 신체활동에 자발적으로 참여한다.
건강하게 생활하기	자신의 몸과 주변을 깨끗이 한다.
	몸에 좋은 음식에 관심을 가지고 바른 태도를 즐겁게 먹는다.
	하루 일과에서 적당한 휴식을 취한다.
	질병을 예방하는 방법을 알고 실천한다.
안전하게 생활하기	일상에서 안전하게 놀이하고 생활한다.
	TV, 컴퓨터, 스마트폰 등을 바르게 사용한다.
	교통안전 규칙을 지킨다.
	안전사고 화재, 재난, 학대, 유괴 등에 대처하는 방법을 경험한다.

■ 의사소통

1. 목표

일상생활에 필요한 의사소통 능력과 상상력을 기른다.

1) 일상생활에서 듣고 말하기를 즐긴다.

2) 읽기와 쓰기에 관심을 가진다.

3) 책이나 이야기를 통해 상상하기를 즐긴다.

2. 내용

내용범주	내용
듣기와 말하기	말이나 이야기를 관심있게 듣는다
	자신의 경험, 느낌, 생각을 말한다.
	상황에 적절한 단어를 사용하여 말한다.
	상대방이 하는 이야기를 듣고 관련해서 말한다.
	바른 태도로 듣고 말한다.
	고운 말을 사용한다.
읽기와 쓰기에 관심가지기	말과 글의 관계에 관심을 가진다.
	주변의 상징, 글자 등의 읽기에 고나심을 가진다.
	자신의 생각을 글자와 비슷한 형태로 표현한다.
책과 이야기 즐기기	책과 관심을 가지고 상상하기를 즐긴다.
	동화, 동시에서 말의 재미를 느낀다.
	말놀이와 이야기 짓기를 즐긴다.

■ 사회관계

1. 목표

자신을 존중하고 더불어 생활하는 태도를 가진다.

1) 자신을 이해하고 존중한다.
2) 다른 사람과 사이좋게 지낸다.
3) 우리가 사는 사회와 다양한 문화에 관심을 가진다.

2. 내용

내용범주	내용
나를 알고 존중하기	나를 알고 소중히 여긴다.
	나의 감정을 알고 상황에 맞게 표현한다.
	내가 할 수 있는 것을 스스로 한다.
더불어 생활하기	가족의 의미를 알고 화목하게 지낸다.
	친구와 서로 도우며 사이좋게 지낸다.
	친구와의 갈등을 긍정적인 방법으로 해결한다.
	서로 다른 감정, 생각, 행동을 존중한다.
	친구와 어른께 예의바르게 행동한다.
	약속과 규칙의 필요성을 알고 지킨다.
사회에 관심 가지기	내가 살고 있는 곳에 대해 궁금한 것을 알아본다.
	우리나라에 대해 자부심을 가진다.
	다양한 문화에 관심을 가진다.

■ 예술경험

1. 목표

아름다움과 예술에 관심을 가지고 창의적 표현을 즐긴다.

1) 자연과 생활 및 예술에서 아름다움을 느낀다.

2) 예술을 통해 창의적으로 표현하는 과정을 즐긴다.

3) 다양한 예술 표현을 존중한다.

2. 내용

내용범주	내용
아름다움 찾아보기	자연과 생활에서 아름다움을 느끼고 즐긴다.
	예술적 요소에 관심을 갖고 찾아본다.
창의적으로 표현하기	노래를 즐겨 부른다.
	신체, 사물, 악기로 간단한 소리와 리듬을 만들어 본다.
	신체나 도구를 활용하여 움직임과 춤으로 자유롭게 표현한다.
	다양한 미술 재료와 도구로 자신의 생각과 느낌을 표현한다.
	극놀이로 경험이나 이야기를 표현한다.
예술감상하기	다양한 예술을 감상하며 상상하기를 즐긴다.
	서로 다른 예술 표현을 존중한다.
	우리나라 전통 예술에 관심을 갖고 친숙해진다.

■ 자연탐구

1. 목표

탐구하는 과정을 즐기고, 자연과 더불어 살아가는 태도를 즐긴다.

1) 일상에서 호기심을 가지고 탐구하는 과정을 즐긴다.

2) 생활 속의 문제를 수학적, 과학적으로 탐구한다.

3) 생명과 자연을 존중한다.

2. 내용

내용범주	내용
탐구과정 즐기기	주변 세계와 자연에 대해 지속적으로 호기심을 가진다.
	궁금한 것을 탐구하는 과정에 즐겁게 참여한다.
	탐구과정에서 서로 다른 생각에 관심을 가진다.
생활 속에서 탐구하기	물체의 특성과 변화를 여러 가지 방법으로 탐색한다.
	물체를 세어 수량을 알아본다.
	물체의 위치와 방향, 모양을 알고 구별한다.
	일상에서 길이, 무게 등의 속성을 비교한다.
	주변에서 반복되는 규칙을 찾는다.
	일상에서 모은 자료를 기준에 따라 분류한다.
	도구와 기계에 대해 관심을 가진다.
자연과 더불어 살기	주변의 동식물에 관심을 가진다.
	생명과 자연환경을 소중히 여긴다.
	날씨와 계절의 변화를 생활과 관련 짓는다.

2. 누리과정에서의 놀이환경 이해

1) 놀이환경의 중요성

유아교육기관에서 놀이환경은 그 자체만으로 교육적 의미를 전달할 수 있는 교육매체로서 역할을 한다. 유아에게 스스로 배울 수 있는 맥락을 제공하고 경험과 배움의 질을 결정하는 중요한 요소가 바로 놀이환경이다. 유아가 보고 듣고 만지며 자유롭게 표현할 수 있는 놀이환경은 유아의 놀이가 활성화되는 배경이자 유아가 다양한 배움을 경험하는 원천이 된다.

그러므로 교사가 유아의 놀이를 이해하면서 놀이환경을 지원하는 것은 놀이가 자연스럽고 유의미하게 확장되는 데 중요한 요인으로 작용하게 된다. 특히 놀이환경을 지원할 때 교사의 놀이환경에 대한 철학과 고민, 교육과정과 유아의 놀이에 대한 이해가 고스란히 반영되기에, 교사는 교육과정을 실행하면서 놀이환경에 대한 개념, 역할과 변형가능성에 대해 폭넓게 이해할 필요가 있다(임부연 외, 2008). 유아교육기관의 놀이환경은 유아가 놀이하는 실내외 모든 공간과 놀이자료를 포함하는데 교사는 다양한 실내외 놀이환경과 풍부한 놀이자료를 제공하여 유아의 놀이가 활성화되도록 지원해야 한다.

2) 놀이공간

유아교육기관에서 놀이공간이란 실내와 실외 공간 또는 유아가 이용하는 기관 밖의 지역사회공간까지 포함한다. 공간은 단순한 물리적 영역 이상의 의미를 갖고, 유아들이 놀이하며 세상을 경험하고 배우는 과정에 공간과 긴밀한 관계 맺음을 형성하게 된다(임부연 외, 2008). 유아의 자유로운 놀이를 지원하기 위해 놀이공간을 어떻게 구성하고 운영해 나갈지 살펴보고자 한다.

(1) 실내 놀이공간

교실을 포함한 유아교육기관의 실내 놀이공간은 유아들이 가장 오랫동안 생활하는 공간이자 친숙한 놀이환경이다. 유아는 놀이한 공간을 스스로 찾거나 만들기도 하고, 공간과 공간을 연결하여 새로운 놀이로 확장하기도 한다. 그리고 놀이를 통해 하나의 공간을 자신의 놀이에 적합한 공간으로 새로운 목적을 부여하여 사용하기도 한다.(교육부, 보건복지부, 2019c). 이처럼 놀이공간은 물리적 공안의 의미를 넘어 또래 친구, 교사와의 상호작용을 통해 늘 새롭게 생성되고 변형된다.

교사는 유아의 놀이 전개 과정을 지켜보면서 유아의 놀이를 방해하는 요소가 무엇인지 관찰하고, 이를 반영하여 놀이공간을 구성하고 운영해야 한다. 이때 교실의 실내 놀이공간은 유아들이 가장 좋아하는 놀이를 중심으로 구성하는 것이 좋으며, 유아가 주도하는 놀이가 활성화될 수 있도록 놀이공간을 구성한다. 그리고 유아들이 흥미를 보이지 않는 공간은 다른 공간과 통합하여 재구성하거나 다른 영역으로 대체하는 것도 가능하다(교육부, 보건복지부, 2019c). 유아의 관심과 흥미, 요구에 따라 새로운 놀이공간을 구성할 수 있으며, 유아가 주도적으로 놀이공간을 창조할 수 있도록 지원해야 한다. 교실 밖의 복도나 계단, 구석진 공간 등 유아가 놀이할 수 있는 실내 공간은 안전에 문제가 없는지 파악한 후 놀이공간으로 구성할 수 있다.

① 유아가 좋아하는 놀이를 중심으로 놀이공간 구성하기

실내 놀이공간은 기관의 교육철학이나 교실의 물리적 구조, 유아의 연령, 흥미에 따라 자율성을 가지고 구성할 수 있다. 교실 내에 반드시 배치되어야 하는 놀이영역이 정해져 있는 것이 아니므로 교사는 유아가 좋아하는 놀이를 중심으로 놀이공간을 구성할 수 있다.

그리고 놀이공간은 유아의 놀이에 따라 넓은 공간이 필요하기도 하고 분리된 작은 공간이 필요하기도 하므로 놀이영역의 크기를 무조건 넓게 하는 것이 아니라 유아의 흥미와 놀이 흐름에 따라 조정하도록 한다(교육부, 보건복지부, 2019c). 교사는 유아의 흥미와 놀이흐름에 따라 놀이공간을 확장하거나 축소하기도 하고, 구석진 곳이나 조용한 곳에 옮겨주기도 하고, 놀이가 서로 연결될 수 있도록 가까이에 배치해 주기도 하는 등 자율성을 발휘하여야 한다.

② 유아가 주도하는 놀이공간 구성하기

놀이공간은 모든 구성원의 삶이 반영되는 곳이다. 대부분의 유아들은 교실의 소유권이 교사에게 있다고 생각한다. 그러나 교사가 유아의 놀이를 따라가면서 자연스럽게 유아 스스로 놀이공간을 배치하거나 변경하도록 지원하다 보면 유아도 교실이 자신의 공간이라고 생각하게 된다(교육부, 보건복지부, 2019c). 예를 들어, 놀이하는 유아들 간의 놀이공간에 대한 다툼이 생겼을 때, 교사는 유아가 놀이를 더 슬겁게 할 수 있는 공간을 만들 수 있도록 친구들과 의논하고, 놀이공간을 바꿔볼 수 있는 기회를 제공할 수 있다. 유아는 놀이영역을 어떻게 배치할 것인지 이야기 나누면서 놀이영역을 재구성 한다. 교구장을 옮기고 매트를 걷어내며 새롭게 놀이공간을 만들면서 공간의 변화를 이끌어 간다. 유아들은 다양한 생각과 의견을 나누고 그런 과정을 즐거운 놀이로 받아들인다. 이런 과정을 통해 교실은 유아의 관심과 흥미, 요구에 따라 새로운 놀이공간이 생성되었고 유아가 주도하는 놀이공간으로 구성되어 간다. 그러므로 교사는 유아가 교사가 제공한 놀이공간에서 놀이하기도 하지만 또래와 함께 놀이하면서 새로운 놀이공간을 만들기도 하고, 찾아내기도 하고, 변형할 수도 있음을 이해하고 지원하는 것이 필요하다.

③ 교실 밖 복도, 계단으로 확장되는 놀이공간 구성하기

유아들은 스스로 찾아낸 공간, 놀이하다가 우연히 발견한 공간에 더 매력을 느끼고 애착을 갖는다. 교사는 복도나 현관 입구, 교실과 교실 사이의 공간, 계단 밑 등을 교실외 다양한 공간을 유아의 놀이공간으로 허용할 수 있다(교육부, 보건복지부, 2019c). 그리고 유아의 신체 움직임, 놀이의 흥미와 놀이 특성에 따라서 실내놀이가 자연스럽게 바깥 놀이로 연계 확장될 수 있도록 놀이공간을 허용할 수 있다. 예를 들어 교실 안에서 시작된 도로 만들기 놀이가 복도, 계단, 강당으로 놀이공간이 확장되면서 유아들이 '우리동네 길 만들기' 놀이를 자연스럽게 지원할 수 있다. 교사는 유아의 놀이 흐름에 따라서 놀이공간이 교실 밖으로 연결되고 확장되도록 지원한다. 그러나 교사는 각 공간의 위험 요소를 사전에 점검하고 정리하여 유아의 안전을 확보해야 한다. 비상구나 비상계단 등 비상시 대피경로에 놀잇감이나 자료장을 배치하지 않도록 주의한다(교육부, 보건복지부, 2019c). 또한 놀이공간을 활용하기에 앞서 유아와 함께 안전에 유의해야 할 점을 논의해야 한다.

④ 실내 벽면을 놀이공간으로 구성하기

유아교육기관의 벽면은 유아에게 좋은 놀이공간이 된다. 교실의 벽면은 유아들의 놀이공간으로 활용될 수 있고, 놀이 결과물을 전시하는 공간으로 활용될 수 있다. 실내 벽면에 유아가 좋아하는 놀이과 관련된 사진이나 소품을 활용하여 벽면을 놀이공간으로 구성할 수 있다. 예를 들어 바다생물에 관심이 있는 유아의 놀이를 지원하기 위해 바다생물에 관한 그림 자료를 벽면에 게시하거나, OHP 기기를 활용하여 실내 벽면에 개미집을 그리는 놀이를 지원할 수 있다. 또한 유아가 직접 놀이 결과물을 실내 벽면에 전시할 수 있다. 그리고 유아의 놀이 모습이나 놀이 과정을 벽면에 게시하여 또래 유아와 교사, 학부모와 서로 소통하고 공유하는 공간으로 활용할 수 있다.

(2) 실외 놀이공간

유아들의 놀이는 실내 놀이공간뿐만 아니라, 실외 놀이공간에서도 이루어진다. 실외 공간은 마음껏 뛰어놀며, 자연과 계절의 변화를 느끼고 탐색할 수 있는 놀이환경으로, 실내에 비하여 넓고 비구조화되어 있으며 자연의 변화를 직접 경험할 수 있는 특성이 있다. 실외 놀이공간에서 유아들은 자신이 원하는 놀이를 선택하고, 자유롭게 움직이면서 자신을 표현하며 활발한 신체 움직임을 바탕으로 모험과 도전적인 에너지를 발산한다. 그리고 또래와 함께 놀이하면서 친사회적 관계를 형성할 수 있으며 계절의 변화와 자연을 직접 체험하면서 생태적 소양도 기를 수 있다. 교사는 유아가 몸을 충분히 움직여 즐겁게 놀이하고 자유롭게 에너지를 발산할 수 있도록 돕고, 유아들이 위험으로부터 자신을 안전하게 보호하는 능력을 기를 수 있도록 지원해야 한다.

실외 놀이공간은 바깥에서 할 수 있는 다양한 놀이 경험을 지원할 수 있는 공간으로 구성할 수 있다, 물과 모래를 이용하여 놀이하는 공간, 놀이기구를 이용하는 공간, 휴식과 조용한 놀이를 할 수 있는 공간, 자연을 탐색하고 관찰할 수 있는 공간 등으로 구성할 수 있다. 실외 놀이공간 또한 유아의 흥미와 놀이경험에 따라 융통성 있게 공간을 구성할 수 있고, 유아교육기관의 상황에 따라 인근 공원과 놀이터도 실외 놀이공간을 활용할 수 있다. 실외 놀이공간은 크고 작은 안전사고를 예방하기 위하여 유아의 키와 연령 및 신체 발달을 고려하여 견고하고 안전한 것으로 배치하며 교사는 정기적으로 놀이환경을 점검해야 한다. 유아들에게도 놀이 안전 규칙을 안내하여 안전사고를 예방하도록 돕는다.

다음은 실외 놀이영역별 공간 활용에 대해 살펴본다.

① 물 · 모래놀이 공간

물 · 모래놀이 공간은 유아들이 가장 좋아하는 실외 놀이공간으로, 유아들은 모래와 흙, 물을 직접 만지고 뒹굴면서 온 감각을 사용하며 다양한 도구를 활용하여 풍부한 상상 놀이를 즐긴다. 특히 물과 모래는 사용 방법이 정해져 있지 않아 유아들이 자유롭게 모래와 물을 섞으며 깊이 몰입하여 놀이에 참여하게 되고, 다양한 놀이를 실험적으로 시도하면서 물질의 변화에 대해 호기심과 탐구심을 가질 수도 있다. 모래놀이 공간과 물놀이 공간은 인접하여 배치하면 놀이를 확장할 수 있다. 물 · 모래놀이 공간은 계절에 상관없이 이용할 수 있도록 햇빛이 잘 비치고 그늘도 적절히 생기며 배수가 잘되는 장소가 적절하다. 모래 속에 쓰레기나 위험한 물건이 섞이지 않도록 하고 모래의 위 · 아래를 햇볕에 소독되도록 해준다. 물 · 모래놀이 공간에 삽, 숟가락, 다양한 모양의 그릇, 프라이팬, 물 조리개 등 다양한 놀이 도구와 자료를 제공하여 유아의 놀이를 활성화할 수 있다.

② 놀이기구 놀이하는 공간

유아들은 실외 놀이공간에서 교실에서 할 수 없는 큰 신체 움직임을 즐긴다. 실외 넓은 공간에서 뛰어놀거나 달리기, 공놀이, 술래잡기 등을 활동적인 놀이를 하게 된다. 그리고 바깥 놀이터에서 볼 수 있는 미끄럼틀과 매달리기, 오르기, 그네 등은 유아가 신체역량을 최대한 발휘하며 높은 곳을 오르고 내려오는 도전을 할 수 있는 흥미와 모험심을 자극할 수 있는 공간이다. 세발자전거, 줄넘기, 훌라후프 등의 놀이 도구를 제공해주면 유아의 놀이는 더욱더 활성화될 수 있다. 바깥 놀이터의 놀이기구는 유아의 신체에 적합해야 하며, 모서리, 마무리 처리, 칠 등이 안전하게 처리되어야 한다.

③ 자연을 관찰하고 탐색할 수 있는 공간

유아는 자연과 날씨 변화에 민감하고 곤충을 비롯한 주변 생물에 관심이 많다. 이러한 유아의 특성을 반영하여 실외 자투리 공간, 통로, 작은 마당 등에 곤충, 풀, 꽃, 열매, 나무 등의 다양한 자연물을 감상하고 탐구해 볼 수 있는 공간을 제공할 수 있다. 그리고 텃밭을 활용하여 식물의 생장, 수확에 대한 기쁨, 자연과 함께하는 삶을 이해하고 느낄 수 있도록 실외 놀이공간을 구성해 볼 수 있다.

④ 휴식 및 조용한 놀이가 가능한 공간

유아들의 실외 놀이공간은 놀이시설과 도구를 이용한 활발한 신체 놀이가 이루어지기도 하지만, 책을 읽거나 그림을 그리고, 휴식을 취하는 등의 정적인 공간도 마련되어야 한다. 유아들은 휴식과 조용한 놀이가 가능한 공간에서 편안하게 휴식을 취하고, 흥미에 따라 주변 환경을 관찰하기도 한다. 이를 위해 휴식과 조용한 놀이가 가능한 공간은 활동적인 놀이공간과 떨어진 위치에 배치하며 그늘진 공간에 돗자리나 벤치, 의자, 그림책 등을 준비하여 제공하도록 한다.

3) 놀이자료

(1) 놀이자료의 중요성

놀이자료는 유아가 놀이에서 사용할 수 있는 놀잇감, 매체, 재료와 도구 등을 포함한다. 유아에게 놀이자료는 자신의 감정과 생각, 상상 등을 자유롭게 표현하는 수단이자 세상에 대한 이해를 넓혀가는 데 중요한 역할을 하는 매개물이다(교육부, 보건복지부, 2019a). 이에 다양한 놀이자료를 통해 유아의 놀이는 새롭게 구성되고 확장된다. 교사는 일상의 사물, 자연물, 악기, 미술 재료, 그림책, 재활용품 등을 놀이자료로 다양하게 제공할 수 있다. 특히 비구조적인 열린 자료를 풍부하게 제공하여 유아가 자신만의 방식으로 활용할 수 있도록 지원하며 유아가 찾아낸 새로운 놀이자료나 창의적인 놀이방식을 인정하고 존중해야 한다.

교사가 놀이자료를 제공할 때는 유아가 자유롭게 탐색할 수 있도록 자료의 사용 방법이나 놀이방식을 지나치게 제한하지 않도록 유의해야 한다. 그리고 놀이방법이 정해진 구조화된 놀이자료를 제공하더라도 유아들은 다른 방법으로 놀이할 수 있음을 알고 있어야 한다. 유아는 자신만의 놀이방법이 허용되었을 때 가장 활발한 배움이 일어난다. 교사는 유아가 어떤 자료에 흥미를 갖고 탐색하고자 하며 놀이를 통해 새롭게 의미를 부여할 때 이를 수용해 주어야 한다(교육부, 보건복지부, 2019c). 유아에게 위험하거나 유해하지 않는 한 모든 자료가 놀이자료가 될 수 있다는 새로운 가치를 함께 실현하려는 열린 마음과 유아의 주도성을 인정해 주는 태도를 가지는 것이 중요하다.

(2) 놀이자료의 종류

① 다양한 놀이자료

가. 쌓기 놀이자료

쌓기 놀이자료는 여러 가지 종류의 블록을 이용하여 다양한 구성물을 만들 수 있는 자료이다. 블록으로 쌓고 무너뜨리고 다시 쌓아서 만들기 등의 구성하고 변형하기가 자유롭기에 유아들이 가장 좋아하는 놀이자료다. 쌓기 놀이자료는 종이 벽돌 블록, 유니트 블록, 스펀지 블록, 와플 블록, 눈송이 블록, 자석 블록 등이 있으며, 자동차, 도로, 기찻길, 동물, 사람 모형 등의 교구와 소품을 함께 활용하여 놀이를 확장할 수 있다. 연령이 어린 유아일수록 종이 벽돌 블록이나 우레탄 블록 같은 가볍고, 큰 블록을 제공하며 연령이 높은 유아일수록 작고 정교한 작업이 가능한 블록을 제공한다. 쌓기 놀이자료를 제공할 때는 다른 영역보다 넓으 공간을 확보하고 소음이 발생하므로 활동적인 놀이 공간과 함께 배치하여 정적인 놀이를 하는 유아들의 놀이가 방해하지 않도록 한다.

나. 역할 놀이자료

역할 놀이자료는 유아들이 경험하고 새롭게 상상하는 상황과 다양한 역할을 모방하고 표현하면서 놀이할 때 사용하는 놀이자료이다. 유아는 역할 놀이자료를 활용하여 엄마, 아빠, 아기, 요리사가 되기도 하고, 불을 끄고 사람을 구해야 하는 소방관이 되기도 한다. 교사는 역할 놀이자료로 다양한 역할 의상(소방관, 경찰관, 의사, 요리사)과 소품, 가정에서 사용하는 주방놀이용품(그릇, 음식물 모형, 조리기구 모형, 가스레인지, 냉장고), 생활소품(신발, 인형, 옷, 화장품 등)을 제공할 수 있고, 다양한 크기의 천이나 보자기와 같은 비구조적인 열린 자료도 제공할 수 있다. 이때 교사는 유아의 놀이 주제에 따라 놀이자료를 다양하게 제공한다. 예를 들어 소방관 놀이를 하는 경우 직업과 관련된 복장이나 물품을 마련하여 제공할 수 있고, 소방서, 소화기 등의 그림이나 사진을 벽면에 게시하여 유아의 놀이를 지원할 수 있다.

쌓기와 역할 놀이자료는 근접한 곳에 배치하거나 통합하여 제공하면 서로 연계되고 확장된 놀이가 이루어질 수 있다. 그리고 유아가 만든 구성물을 전시할 수 있는 공간을 마련해 주어 다음번 놀이로 연계되도록 지원할 수 있다.

다. 음률 놀이자료

음률 놀이자료는 유아들이 노래를 부르고, 악기를 다루거나 창의적인 신체 표현놀이를 할 수 있는 놀이자료이다. 음률 놀이자료는 조용한 놀이를 방해하지 않는 공간에 배치한다.

음률 놀이자료는 리듬악기, 타악기, 건반악기, 국악기 등의 다양한 악기와 음악을 들을 수 있는 음원, 이어폰, 신체로 표현할 수 있는 리듬 막대, 리본 막대, 스카프, 한삼 등을 제공할 수 있다.

라. 언어 놀이자료

언어 놀이자료가 있는 공간은 유아가 휴식을 취하기도 하고 정적인 활동을 할 수 있도록 편안하고 안정되게 구성한다. 조용하고 자연조명이 밝은 곳에 배치하는 것이 좋다. 언어 놀이자료는 다양한 종류의 책, 인형극 틀, 막대 인형, 그림카드, 단어 카드, 잡지, 환경 인쇄물, 종이, 연필, 칠판, 화이트보드와 마커 팬, 가위, 펀치 등을 제공한다. 교사는 유아의 놀이와 연계된 다양한 도서를 제공할 수 있다.

마. 미술 놀이자료

미술 놀이자료는 다양한 색, 모양, 재질, 두께가 다양한 종이류, 점토, 한지, 연필, 색연필, 사인펜, 매직, 크레파스, 물감 등의 그리기 도구와 함께 테이프, 가위, 풀, 각종 재활용품 등 놀이자료가 있다. 교사는 유아들이 미술 자료를 쉽게 꺼내고 정리할 수 있게 수납장과 미술작품을 전시할 수 있는 공간이나, 미완성된 작품을 보관할 수 있는 공간을 마련해 두어 놀이를 지원할 수 있다. 그리고 물감 등과 같은 물이 필요한 활동이나 정리를 위해 물 가까이 있는 곳에 미술 놀이자료를 배치한다.

바. 탐구 놀이자료

유아들이 곤충이나 작은 식물을 기를 수 있는 탐구 놀이자료를 제공할 수 있다. 탐구 놀이자료로 식물이나 곤충 기르기, 돋보기, 측정 도구, 자연물, 종이, 필기도구, 과학 도서 등을 제공한다. 탐구 놀이자료는 조용하고 햇볕이 잘 드는 장소나 물의 공급이 원활한 공간에 배치한다.

② 비구조적 열린 놀이자료

비구조적인 열린 놀이자료란 사용 방법이 정해진 놀잇감이나 정형화된 놀잇감이 아닌 유아들의 다양한 상상 놀이가 가능한 일상생활 도구, 생활용품, 자연물 등을 의미한다. 비구조적인 열린 놀이자료는 놀이방법이 정형화되어 있는 상업적인 놀잇감보다 다양한 가능성으로 변화할 수 있어 유아의 놀이를 더 풍부하게 해준다. 교사는 다양한 열린 놀이자료의 가능성에 주목하고, 유아의 놀이를 지원한다.

(3) 놀이자료의 활용

주변에서 발견한 어떤 물질도 놀이에 활용되는 의미 있는 놀이자료가 된다. 하지만 놀이자료는 자료의 특성과 제공방식에 따라 단순한 놀이가 복합적이고 다양한 놀이로 변화하고 확장될 수도 있고, 일회적인 놀이로 금방 사라질 수도 있다. 교사가 유아의 놀이자료 활용을 어떻게 지원하느냐에 따라서 유아의 놀이 흐름은 확장되기도 하고 축소될 수 있다. 따라서 풍부하게 제공한 놀이자료의 활용방법을 살펴본다.

① 놀이자료를 자유롭게 사용하도록 지지하기

유아는 자신만의 방식으로 놀이자료를 해석하고 교사가 의도한 것과 다르게 활용하기도 한다. 어떤 자료는 단순한 탐색의 대상이 되기도 하고, 어떤 자료는 다양한 방법으로 오랫동안 놀이 속에서 활용되기도 한다. 유아의 배움은 이미 만들어진 놀잇감과 놀이방법을 통해 일어나는 것이 아니라, 놀이자료를 자신만의 탐색방법이 허용되었을 때 배움이 일어난다(교육부, 보건복지부, 2019c). 그러므로 교사는 놀이자료를 제공할 때 유아가 자유롭게 탐색할 수 있도록 자료의 사용 방법이나 놀이방식을 지나치게 제한하지 않도록 유의하며 유아가 스스로 선택한 창의적인 놀이방식을 인정하고 존중한다.

② 다양한 놀이자료를 함께 활용하기

유아들은 놀이 흐름에 따라 쌓기 놀이자료와 그리기 자료를 섞기도 하고, 도서 공간에서 책을 가져와 놀이자료로 활용하기도 한다. 특히 유아의 놀이는 단일한 놀이자료를 활용할 때보다 여러 가지 놀이자료가 함께 제시될 때 다양하고 창의적으로 변형된다. 유아들은 다양한 놀이자료를 활용하면서 새로운 방식으로 창안하여 놀이하기를 즐긴다. 그러므로 교사는 유아가 자율적으로 주도해 가는 놀이를 지지하는 태도를 가지는 것이 필요하다. 그리고 유아의 놀이에서 다채롭고 융통성 있게 활용되는 놀이자료의 새로운 가능성을 개방된 안목으로 이해하고 지원하는 것이 필요하다.

③ 유아가 선택하고 활용할 수 있도록 놀이자료 개방하기

놀잇감 및 놀이자료를 스스로 선택하고 활용할 수 있도록 놀이 자료실을 개방하여 유아의 놀이를 지원할 수 있다. 놀이하다가 필요한 경우 놀이자료를 스스로 찾아 활용할 수 있고, 새로운 놀이에 대한 아이디어를 떠올릴 수도 있다. 예를 들어 종이에 길을 그리던 유아들이 종이가 작아져 바닥에 그리고 지우기 적합한 자료를 찾으러 자료실에 갔을 때, 그리기 도구 대신 테이프를 놀이자료로 선택하면서 길 그리기 놀이는 종이에서 교실 바닥, 벽, 복도로 확장하게 되었다. 개방된 자료실은 새로운 놀이 아이디어 창구가 되어 유아의 놀이를 더 풍부하게 지원한다. 교사는 유아가 놀이자료를 쉽게 꺼내고 정리할 수 있도록 환경을 구성한다. 그리고 주제와 연령별로 자료를 분류했던 기존의 보관방법에서 놀이자료별로 분류하는 등 융통성 있고 다양하게 활용될 수 있도록 정리한다.

④ 놀이자료 없이 놀이하기

유아는 몸으로 주변 세계를 알아가고, 자신의 감정과 생각을 표출하고, 여러 가지 놀이를 한다. 실외로 나가면 유아는 놀이자료가 없어도 자신의 몸으로 놀이할 수 있고 또 다른 유아와 만나 몸을 이용해서 함께하는 놀이를 하기도 한다. 실내에서도 유아의 신체 움직임을 지나치게 통제하거나 율동 및 대근육 시간에만 허용하지 말고 유아의 몸 움직임에서 놀이성을 찾아 지원한다(교육부, 보건복지부, 2019c).

3. 누리과정에서의 교사의 역할

1) 놀이활동의 지원

유아의 발달과 학습은 놀이를 통해 이루어지므로 교사는 유아가 다양한 놀이를 경험하고 놀이를 확장할 수 있도록 놀이공간, 놀이자료, 상호작용 등 다양한 측면에서 놀이지원을 해 주어야 한다. 개정누리과정과 연계된 교사의 놀이 이해와 지원에 대한 내용은 다음과 같으며, 실습생은 예비교사로서 이에 대한 기초적 이해를 갖출 필요가 있다.

- 유아의 놀이를 잘 관찰하고 지원하기 위해서 교사는 교육과정 구성의 파트너로서 유아의 놀이를 주의 깊게 바라보고 유아가 경험하는 기쁨과 슬픔, 좌절과 감동을 함께 느끼고 공유할 수 있어야 한다.
- 유아의 놀이를 잘 관찰하기 위해서 교사는 유아를 이해하려는 민감성을 갖추고 노력하는 동시에 유아가 놀이를 통해 경험하는 것, 스스로 배우는 것이 무엇인지 이해하려고 노력할 필요가 있다. 이때 유아들이 구성하고 만들어내는 총체적 의미를 충분히 읽어내기 위해 노력해야 한다.
- 유아의 놀이를 지원하기 위해 교사는 놀이에 직접 참여하지 않고도 격려, 미소, 공감의 표정을 보이거나 칭찬과 격려의 말을 건네는 정서적 지원을 제공할 수 있다. 또한, 놀이를 관찰하거나 배움이 일어나도록 질문이나 제안을 건네 보는 등의 상호작용에 기반한 언어적 지원, 공간 구성을 바꾸어주거나 새로운 자료를 제공하는 등의 환경적 지원을 할 수 있다.
- 환경을 지원할 때는 창의적 감수성과 아름다움을 키워줄 수 있도록 공간과 자료를 제공해 주도록 노력해야 한다.

2) 집단활동 지원

활동 또한 놀이를 지원하는 차원에서 계획 실행되어야 하며, 구체적인 지원방법을 활동의 유형에 따라 살펴보면 다음과 같다(강민정, 김민희, 배소연, 2023).

① 이야기 나누기

이야기나누기는 교사와 유아가 서로의 생각과 감정, 정보를 나누고 함께 의사결정을 하는 활동을 의미한다. 이야기나누기를 통해 유아는 지식의 범위가 넓어질 뿐만 아니라 다른 사람의 의견을 경청하고 의사소통하는 능력을 기르며 의사결정에 적극적으로 참여 할 수 있다. 이때 중요한 것은 유아가 이야기의 주도권을 갖도록 하는 것이다. 실습생은 발문하기, 설명하기, 격려하기 등의 다양한 상호작용을 통해 유아 스스로 문제를 해결할 수 있도록 지원하며 유아들의 이야기를 경청하고 존중하는 분위기를 보성해주는 것이 좋다.

- 유아의 주의집중시간을 고려하여 10~20분 이내로 계획한다.
- 내용에 따라 실물, 그림, 사진, 영상자료 등을 준비한다.
- 대집단으로 진행할 경우에 자료는 모든 유아들이 잘 볼 수 있는 크기로 제작한다.
- 적절한 발문으로 유아의 생각을 이끌어내도록 한다.
- 유아들이 골고루 참여할 수 있도록 기회를 제공한다.

② 게임

게임은 규칙이 설정된 상황에서 대근육을 사용하여 놀이에 참여하는 활동으로 신체협응력과 언어와 수 같은 인지적 개념도 쉽게 이해할 수 있다. 또한 유아들은 게임을 하는 동안 분노, 좌절, 질투 등의 감정이 표출될 수 있으며 게임을 성공적으로 수행하기 위해서 정서를 조절하고 인지적 전략을 사용하기도 한다. 따라서 유아의 발달을 고려하여 계획 실행하는 것이 좋다.

- 유아의 수준을 고려하여 편게임, 원대형게임, 판게임 등 게임의 유형을 정한다.
- 주제에 따라 게임의 대형과 공간을 계획한다.
- 게임의 방법을 소개하고 필요한 규칙을 유아와 함께 정한다.
- 참여하기 싫어하는 유아는 억지로 참여시키기 보다는 다른 역할이나 선생님의 보조역할 하도록 유도한다.(점수판 기록하기, 출발 신호 등)

③ 동극, 동화, 동시

유아들의 연령과 발달을 고려하여 유아에게 친숙한 내용의 단순한 동화를 선정하는 것이 좋으며, 교사가 들려준 동화의 등장인물이 되어 동화의 내용과 대사를 극화해 보는 동극활동도 유아들에게는 흥미있는 활동이다. 동화와 동극을 통해 유아는 극중인물이 되어 다른 사람의 관점을 이해 할 수 있게 된다

- 유아와 눈을 맞추고 이야기의 내용과 의미에 따라 목소리 연기와 몸짓에 변화를 주며 들려 주어야다.
- 동화를 들려주는 중에 유아가 질문을 할 경우에는 동화 속 등장인물이 되어 대답을 하거나 동화를 다 듣고 나서 이야기하자고 말한다.
- 동시의 분위기와 운율을 살려 교사가 먼저 낭송한다.
- 유아와 함께 다양한 방법으로 동시를 읽는다.
- 동시에 어울리는 배경음악이나 보조매체를 준비한다.
- 유아와 함께 대화하기 활동을 하면서 동극을 위한 대본을 만든다.
- 유아와 의논하여 배역을 정하고 무대와 소품을 만든다.

④ 노래 부르기

유아들은 노래를 부르면서 자발적으로 음악활동에 참여하고 즐거움을 느낀다.

- 생활주제, 유아의 연령을 고려하여 수준에 적합한 동요를 선정한다.
- 노래지도 시 필요한 악기와 음원을 준비한다.
- 교사가 먼저 들려준 후 노래에 익숙해지도록 다양한 방법으로 불러본다.
- 신체를 이용하거나 악기연주를 함께 할 수 있다.

⑤ 신체표현

신체표현은 유아들이 대상물의 특성이나 움직임을 탐색하여 '만약 내가 ~가 된다면"을 가상하여 몸으로 표현을 해보는 창의적인 활동이다.

- 유아의 발달수준을 고려하여 신체 표현의 수준을 조절한다.
- 기본동작, 창의적 동작, 구조적 동작을 계획할 수 있다.
- 신체 표현 전에 관련 그림자료나 영상자료를 활용하여 표현 대상에 대한 이해를 돕는다.
- 유아의 움직임을 격려하는 음악을 함께 제공한다.

3) 일상생활과 건강, 영양, 안전 지원

유아기는 일상적인 생활양식이나 건강, 영양, 안전에 대한 기본적인 습관이 형성되는 중요한 시기이다. 따라서, 바르고 좋은 습관이 형성될 수 있도록 지속적이고 일관성 있는 지도가 필요하다.

손씻기, 화장실 다녀오기, 이닦기, 안전지도 등 매일 반복되는 일상생활지도는 유아들이 기관에서 하루일과를 경험하는 가운데 자연스럽고 지속적으로 이루어지도록 하며, 교사 스스로가 모델링이 되도록 하는 것이 좋다. 또한 유아기는 면역력이 약하고 집단생활을 하는 가운데 전염성 질환에 감염될 가능성이 높은 시기 이므로 실습생은 다음 사항을 주의 깊게 고려하여야 한다.

- 유아가 생활하는 환경을 청결하고 위생적으로 관리한다. 교실을 비롯한 화장실 등 유아가 많이 머무르는 환경을 청결하게 관리하며, 놀잇감 등도 소독관리를 한다.
- 유아가 바람직한 식습관을 형성하도록 지속적이고 반복적으로 지도한다. 이때 유아아의 개별적인 특성과 요구를 고려한 식습관 지도를 제공한다. 음식에 대한 긍정적인 태도와 즐겁게 식사하는 가운데 예절을 배울 수 있도록 지도하며 실습생 스스로가 바람직한 모델이 되도록 노력한다
- 항상 유아를 살피며 위험한 상황에 놓이지 않도록 주의한다. 만약 응급한 상황이 발생하였을 시 담임교사에게 바로 알리며 적절한 조치를 취한다.

Chapter

04

유아발달 이해

Chapter 04

유아발달 이해

실습생의 역할 중에 유아에게 유용한 학문적 지식을 구체적 경험 활동으로 변형시키는데 유아 발달에 관한 지식이 필요하다. 유아가 또래들에게 보이는 발달 특성을 얼마나 갖고 있고, 그러면서도 또래들과 어떤 점에서 개인적으로 차이가 나는지 등을 안다는 것은 실습생이 교육활동을 결정하고 계획하는데 중요한 요소가 된다.

유아기는 3세경에서 5세경에 이르는 시기로 영아기와는 신체적, 지적, 사회적으로 현저히 다른 시기로서 적극적인 활동과 탐색, 발견이 이 시기의 특징이다. 또한 언어 및 인지에서 급속한 발달이 이루어지는 시기이다. 신체적으로 독립된 개체로서 자유의지에 의하여 몸을 움직일 수 있다. 따라서 영아기에 불가능했던 다양한 자조기능을 습득하며 사회적 가능과 태도에서도 놀라운 발달을 보인다. 사회성의 발달과 함께 이 시기 유아의 정서반응도 영아기보다 더욱 분화되어 나타난다. 이러한 발달특징으로 유아는 급속히 사회화되어 가면서 자기의식을 발달시키고 사회적 접촉에서 사회의 가치체계를 내면화하면서 보다 확대되고 다양한 행동양식을 형성하게 된다

또한, 유아기는 모든 측면에서 상당한 성장과 변화가 일어난다. 영유아기는 의사소통을 비롯하여 인지능력, 운동능력이 급속도로 발달하며, 또래와의 관계에도 상당한 관심을 갖게 된다. 자기주장과 지배에 대한 욕구가 매우 강한 시기

이다. 이는 개인으로서의 자신을 의식하기 시작하는데서 비롯된 것으로 반항과 고집, 자기주장이 나타나기 시작한다. 이처럼 영유아기는 모든 영역에서 현저한 발달과 함께 발달영역 간의 유기적 상호연결에 의해 독특한 개인이 형성된다.

■ 신체 · 운동발달

유아기는 2세이후가 되면 자기신체의 균형을 잡을 수 있고 여러 가지 자조기능을 발달시킨다. 대소변 가리기는 신체의 구조와 괄약근육의 성숙 및 분화와 깊이 관계되어 있어서 대개 약 1세 전후에 배변통제 시작되고 섭식행동에서도 스스로 할 수가 있다. 또한 신체발달과 눈과 손의 협응 능력의 발달로 유아는 잠시도 가만히 있지 못하고 대근육 활동을 활발하게 한다.

■ 인지발달

유아기는 피아제의 인지발달단계 중 감각운동기를 거쳐 전조작기 단계로 접어들어 상징과 정신적 표상능력이 급격히 증가하여 인지발달에 상당한 진전을 이루는 시기이다. 그러나 아직 유아기의 인지발달은 제한적이어서 대체로 자아중심적이고, 사물의 외양에 의해 지배되며, 겉으로 드러난 특정 사실에만 초점을 맞추어 비논리적인 추론을 하며, 주의 집중력이 짧고 사물을 비체계적이고 불완전한 방법으로 탐색하는 특성을 보인다. 또한, 지각은 전체적인 구성을 지각할 수 있게 되고, 이러한 지각발달로 지각된 내용에서 상화관련성을 알게 되며, 보다 더 복잡한 인지체계로 지각한 내용을 조직할 수도 있게 된다.

일상생활에서 만나는 주위의 여러 대상들을 변별할 수 있는 변별력이 발달시켜 이러한 변별력이 다양한 자극들이 지닌 공통의 특징이나 특성을 배워 가는 개념의 발달이 나타난다. 지적 능력의 발달은 보다 복잡한 학습능력을 가능하게 하며, 또래 간의 사회적 관계나 사회적 능력과도 향상 시켜줌으로써 사회의 한 구성원으로 필요한 행동을 강화시켜 나간다.

■ 언어발달

유아기는 폭발적인 어휘력의 증가를 보이는 시기로 어휘나 문장의 길이 또한 증가되어 보다 복잡한 의사소통이 가능하게 된다. 3세가 지나면서 유아들도 의사소통을 효율적으로 하려고 말을 할 때는 자신이 원하는 내용만 말하는 것이 아니라, 하고자 하는 내용을 듣는 사람에게 맞추어야 한다는 것을 배우게 된다. 또한, 의사를 전달하였음에도 이것이 성공하지 못할 경우, 1세 이후 사용하였던 단순히 반복하는 전략을 사용하는 것이 아니라 자신의 말을 수정하는 경향을 보이다가 4세가 되면 같은 말일지라도 상황이나 듣는 사람의 연령 등을 고려함으로써 메시지를 효과적으로 구성할 수 있게 된다. 5세 영유아들은 주변에서 보고 경험한 여러 유형의 인물이나 사건을 언어로 표현하며 의사소통 할 수 있게 한다. 또한 다른 또래와의 상호작용을 통해서 민주적으로 역할을 분담하며 협동적인 놀이가 가능하게 된다. 유아들이 타인의 욕구나 관점을 고려하며 사회적 언어를 사용하여 의사소통을 하게 되는데 결국, 영유아들이 사용하게 되는 사회적 언어는 단순히 정보전달을 위한 것이 아닌 타인에게 자신의 의사를 이해시키기 위하여 질문과 나양한 반응의 형태를 내포한 다양한 의사소통을 하게 된다.

■ 사회 · 정서 발달

유아기 동안 사회적, 정서적, 도덕적인 영역에서 상당한 진전을 보이게 된다. 특히, 또래와의 상호작용은 중요한 학습의 기회를 제공하고 유아의 사회화 과정에 많은 영향을 주게 되는데, 유아는 또래와의 사회적인 관계를 잘 유지하기 위해 자신의 충동을 억제하여 사회적으로 수용되는 방식으로 적절한 행동을 취할 수 있는 자아통제력을 증가시키게 된다. 또한 유아기는 자율감, 성취감 및 자존감의 기초를 자아개념을 발달시킨다. 또한 유아기에는 초보적인 양심 즉 부모를 동일시하는 과정에서 유아는 부모의 행동과 기대에 의하여 부모의 태도, 가치를 자기 것으로 내면화하면서 초자아를 발달시켜 나간다.

유아기 정서는 매우 강렬하게 나타나지만 일시적이다. 영유아는 감정표현을 폭발하듯이 강렬하게 한다. 화가 날 때 온몸을 사용해서 그 성냄을 표현하고, 좋을 때는 깡충깡충 뛰면서 감정표현을 한다. 하지만 그 강렬함이 오래가지는 않고 금방 화를 내다가도 쉽게 풀어지는 금방 울다가 웃음을 터트리기도 한다. 또한 유아는 상상력으로 인해 여러 가지 무서운 생각을 갖게 되면서 두려움이라는 새로운 정서를 갖게 된다. 그리고 타인에 대한 감정적인 적대적 공격성이 나타나게 되는데 공격성을 조절하고 이타적인 행동을 학습하는 일은 유아기의 사회 · 정서발달에서 성취해야 할 가장 기본적인 과업 중의 하나이다.

1. 3세 유아발달의 특징

발달 영역	발달 특성
신체운동 발달	• 대근육의 운동조절 능력이 증진된다. • 속도를 변화시키며 뛰거나 돌 수 있고, 계단 오르기, 세발자전거 타기가 가능하다. • 소근육 기술이 세련되지는 못하나 양손을 사용한 신체적기술에 관심이 많다. • 운동기능 및 감각기능의 협응력이 필요한 활동이 가능하다. • 초보적인 가위질하기와 그리기가 가능하다.
인지 발달	• 이과관계를 이해하고, 결과를 예견하는 능력이 나타난다. • 주의집중 시간이 짧고 실제와 가상을 구별하지 못한다. • 상상력이 이전보다 뚜렷이 증가하지만 추상적 사고를 다룰 수 없다. • 보고 들은 것의 재생이 가능하나 두 가지 이상의 정보를 기억하지 못한다. • 단순하고 구체적이며, 감각적인 사고를 하며, 한 가지 특성에 의존하여 사물을 판단한다.
사회성 및 정서 발달	• 자율성과 독립심이 싹튼다. • 혼자놀이에 익숙하고, 양보 능력이 거의 없으며, 성인과 가까이 있기를 좋아한다. • 자신의 감정을 솔직하게 표현하고, 부정과 반항의 표시가 많으며, 특히 피곤하거나 통제를 받으면 화를 잘 내고 변덕을 부린다. • 성인 및 또래의 인정과 칭찬에 관심이 많으며, 또래에 대한 질투의 감정이 강하게 나타난다. • 시각적인 것에 공포심을 표현한다.
언어 발달	• 어휘 수가 급격하게 증가한다(약 1,000개) • 말하는 것을 즐기고, 새로운 단어에 관심이 많으며, 우스운 소리나 말놀이를 좋아한다. • 세 단어로 한 문장을 표현하는 세 단어기 언어 표현을 사용하며, 다양한 문장 표현과 의문문, 부정문을 사용하나 문법에 맞지 않는 불완전한 문장을 사용할 때도 있다. • 그림책을 보면서 실제 내용과 비슷하게 꾸며 읽는다.

2. 4세 유아발달의 특징

발달 영역	발달 특성
신체운동 발달	• 신체 운동 기술이 발달하여 독립적이고 활동적인 운동과 새로운 신체적 기능을 활용한다. • 대근육 활동이 활발해지고, 소근육과 눈과 손의 협응력의 발달이 점차 정교해진다. • 단순한 협응력이 요구되는 기술은 도움을 필요로 하지 않으나 시간이 오래 걸린다. • 한발로 서서 균형을 잡는다.
인지 발달	• 인과 관계의 유추가 가능하며 간단한 사건의 이유를 설명 할 수 있다, • 상상과 가상을 구별하며 현실을 인식하고 사물의 속성과 기능의 유사점 및 차이점에 의해서 분류하고 범주화하는 능력이 형성되기 시작한다. • 탐색적 · 논리적 사고, 기억력, 언어 표현력의 발달이 활발히 이루어진다.
사회성 및]정서 발달	• 친구를 좋아하고, 동성의 유아에게 관심을 보인다. • 혼자놀이를 중심으로 하지만, 집단놀이가 나타난다. • 타인의 요구사항을 이해하게 되고, 규칙을 배울 수 있으며, 상대방을 고려하고 도와줄 수 있다. • 남녀의 성역할을 인식하기 시작하며, 사회적 인간관계에서 관심이 많다. • 성인 및 또래의 인정과 칭찬에 민감하다.
언어 발달	• 3~7개의 단어를 사용하여 완전한 문장으로 말할 수 있으며, 어휘수가 1,600개 정도 된다. • 과장이나 유머를 좋아하고 이야기를 듣거나 다른 사람과 이야기하기, 노래 부르기, 책 읽기를 좋아한다. • 글자, 숫자, 단어를 인식하기 시작하며, 읽고 쓰기 위한 모양의 변별이 가능하다. • 왕성한 호기심으로 질문이 많아진다.

3. 5세 유아발달의 특징

발달 영역	발달 특성
신체운동 발달	• 신체적 비율이 유아 전기보다 성인의 신체비율에 가까워진다. • 안정되고 민첩하며 균형적인 동작이 가능하며, 대근육 발달에 의해 뛰기, 달리기, 균형적인 동작이 가능하며, 대근육 발달에 의해 뛰기, 달리기, 균형 유지하기, 두발자전거를 탈 수 있다. • 신체 협응 능력과 소근육 발달이 더 정교해진다. • 운동신경이 발달하며, 자신의 운동기술을 실험해 놀이를 선호한다.
인지 발달	• 사물의 속성과 기능의 유사점 및 차이점에 의해 분류하고 범주화 한다. • 구체적 사물의 지각 경험과 논리적인 사고능력에 기초한 보존개념, 시간 · 공간개념 및 인과관계, 과학개념이 발달한다. • 회상과 재생 및 기억력이 점차 아동기의 수준과 비슷하게 발달한다. • 문제를 해결하기위해 탐색, 질문, 예측, 관찰, 실험하기를 즐긴다.
사회성 및 정서 발달	• 협동하기, 돕기, 협상하기, 공감하기 등의 사회적 기술과 규칙이 발달 한다. • 또래의 인정에 민감하여 또래의 규제력이 유아의 중요한 사회적 준거가 된다. • 사회적 기술과 역할을 인식하며, 사회적 상호작용에 관한 지식이 발달한다. • 감정표현이 풍부하고, 분화된 정서 형태에 따라 정확한 감정을 표현 할 수 있다. 상황에 맞게 부정적인 정서를 피할 줄 알게 되고 감출 수도 있다. • 자신감이 증가하며, 상상력이 발달하여 상상적인 공포감이 나타난다.
언어 발달	• 완전한 문장으로 말할 수 있으며, 다른 사람과 적절히 의사소통 할 수 있다. • 문장 형태와 문장 이해력이 성인의 언어형태와 유사하며, 글자의 이름 · 소리 · 단어의 변별이 가능하며, 말하기에 사용되는 어휘가 늘어나 의사소통에 거의 불편함이 없게 되며, 일기와 쓰기에 흥미를 느끼고, 기본 기술을 습득한다.

Chapter

05

관찰 및 기록

Chapter 05

관찰 및 기록

1. 유아교육기관 물리적 환경 관찰 및 기록

유아교육기관의 실제적인 업무를 잘 이해하여야만 효과적인 실습을 계획하고 실행 할 수 있다. 유아교육기관의 물리적 환경을 관찰할 때의 유의사항과 관찰 초점을 다음과 같이 제시하였다.(보건복지부, 육아정책연구소, 2016)

■ 유의사항

- 교사나 영유아의 활동을 방해하지 않는다.
- 환경에 대한 의문점은 일과가 끝난 후 교사나 원장에게 질문한다.
- 기록을 할 때는 교사나 영유아에게 방해되거나 주의를 끌지 않도록 한다.
- 환경 관찰은 언제 어디서나 이루어질 수 있다.
- 환경 관찰을 한 후 개선할 사항이 있다고 판단되면 개선방안 계획을 연습해 본다.

■ 환경 관찰의 초점

- 교실 청결한가?
- 영유아의 작품은 진열되어 있는가?

- 게시판은 영유아의 흥미를 끄는가? 게시자료는 진행되고 있는 주제 및 소주제와 관련 있는가?
- 교실 공간은 영유아의 연령, 발달 특성을 고려하여 흥미영역으로 구성 되어 있으며 배치는 적절한가?
- 유아가 혼자 활동하거나 휴식을 취할 공간이 있고 이를 쉽게 이용할 수 있는가?
- 실외 놀이터 또는 대체 놀이터가 있고 놀이기구는 3종 이상인가?
- 유아의 발달 수준에 적합한 신체활동 자료가 다양하고 충분한가?
- 언어활동 자료가 듣기, 말하기, 읽기, 쓰기의 네 영역으로 마련되어 있고 영유아의 수에 적절하게 충분한가?
- 자연탐구(수과학) 활동자료가 다양하고 대부분 실물자료로 구성되어 있는가?
- 예술활동(음악, 동작, 미술) 자료가 다양하고 양이 충분한가?
- 역할놀이 및 쌓기놀이 자료가 다양하고 충분한가?
- 비품과 활동자료를 보관할 장소나 자료실이 별도로 있으며, 자료가 체계적으로 정리되어 있는가?
- 교사를 위한 개인 사물함이나 개별 책상이 있고 별도의 공간도 마련되어 있는가?
- 교사용 참고자료가 충분하고 이를 자유롭게 활용하는가?

유아가 교육적인 경험을 하고 다양한 생각 및 감정을 느끼며 성장하도록 하기 위해 중요한 요소 중 하나는 교실 환경이다. 실습 초기에 교 환경을 관찰한 후, 공간 구성을 평면도로 그리고 각 흥미영역의 놀잇감이나 놀이 행동을 기록하면 해당 학급에서 이루어지고 있는 교육내용을 알 수 있다.

실내놀이 구성 관찰 시 다음 사항을 참고로 관찰한 내용을 분석하면 효과적이다(김희진, 박은혜, 이지현, 2014).

- 위생 및 안전: 각 영역에는 유아가 안전하고 위생적으로 생활할 수 있는지를 관찰한다. 또한 각 영역에서 교사가 학급 내 모든 영유아를 볼 수 있도록 구성되어 있는지 확인한다.
- 공간크기: 같은 영역에서 활동하고 있는 유아들의 간격이 충분한지, 영역 밖으로 나와서 놀이하는 유아가 많은지 등을 관찰한다.
- 영역 위치의 적절성: 조용한 구역과 활동적인 구역을 나누어 각 영역 특성에 적절하게 배치하였는지 관찰한다. 또한 가림판, 교구장, 러그 등을 활용하여 다른 영역과 분리되도록 배치하였는지 관찰한다.
- 교구장: 각 영역에 적절한 크기, 수의 교구장이 준비되어 있는지, 교구장이 견고하고 안전하게 이동 가능한지 등을 관찰한다.
- 놀잇감 접근 및 정리정돈 용이성: 영아가 원하는 놀잇감에 쉽게 접근할 수 있도록 배치되었는지, 사용한 놀잇감을 쉽게 정리할 수 있도록 밑그림 등이 있는지 관찰한다.
- 기타: 관찰표에 제시되지 않은 흥미영역이나 기준 등이 있으면 기록한다.

2. 교사의 실무활동영역 관찰 및 기록

교사의 실무는 유아교육기관의 정원 규모, 일과운영 형태, 가족 및 지역사회의 요구에 따라 큰 차이가 있을 수 있다. 실습생은 유아교유기관의 특성에 대한 이해를 토대로 교사의 실무를 직간접적으로 관찰하면 보육교사에게 요구되는 직무 역량을 파악할 수 있다. 이를 위해서는 대체로 다음과 같은 교사 직무를 관찰하는 것이 필요하다.

- 등원지도 시 유아들을 맞이하는 상호작용은 어떠한가?
- 등원지도 시 보호자와 유아의 건강과 기분 상태에 대한 의사소통은 어떠한가?
- 유아의 일상생활지도 절차와 상호작용은 어떠한가?
- 교사의 일과 중 위생과 안전과 관련된 직무는 어떠한가?
- 교사의 가정 연계 및 보호자와의 의사소통을 위한 실무(전화, 알림장, 가정통신 배부)는 어떠한가?
- 동료 교사 및 기타 교직원과 협력하는 태도와 실천 행동은 어떠한가?

교사의 직무 중 부모 및 보호자와의 의사소통은 가정과 함께 협력하는 교육을 제공하는 데 매우 중요한 요소이다. 등원 시간에 교사가 부모 및 보호자와 의사소통하는 것을 관찰한 예를 토대로 교사 직무의 중요성을 알아보고자 한다.

유아의 특성상 등원시간에는 가족과 헤어지는 것을 힘들어하는 경우가 많고, 등원 시 교사가 파악한 영유아에 대한 정보는 그날 개별적인 보육을 제공하기 위해 매우 중요하다.

또한 등원 시 교사가 부모 및 보호자와 의사소통하는 장면을 일화기록으로 관찰, 기록하면 이를 토대로 등원 시간을 효과적으로 운영할 수 있는 교사의 직무 특성을 이해할 수 있다.

이와 같이 교사의 직무에 대한 관찰을 통해 이론적으로 배웠던 내용들을 실제적으로 어떻게 실행되는지를 학습하게 된다. 따라서 실습생은 지도교사가 실행하는 직무 스타일이나 방법을 세밀히 관찰하고 이를 태도로 반성적인 사고를 해 보는 것이 중요하다.

3. 교사-유아 상호작용 관찰 및 기록

교사와 유아의 상호작용은 교육의 질을 결정하는 가장 중요한 요소이다. 따라서 실습생은 바람직한 유아-교사 상호작용을 관찰하여 모범 사례를 학습해야 한다.

다음과 같은 지침을 참고하여 유아-교사 상호작용을 지속적으로 관찰해야 한다.

■ 교사-유아 상호작용 관찰 지침

- 일과 시간대별로 교사와 유아의 상호작용을 관찰한다.
- 관찰내용은 일정한 형식에 따라 일관성 있게 기록한다.
- 관찰된 행동에 기초한 해석이나 평가는 관찰내용과 구분하여 기록한다.
- 관찰자의 주관이나 편견이 개입되지 않도록 실제 일어난 상황을 객관적으로 기록한다.

■ 교사-유아 상호작용 관찰 초점

- 유아의 발달 수준이나 흥미에 적합하게 상호작용하는 사례는 어떤 것인가?
- 유아를 믿고 존중하며 영유아의 시도를 적극 수용한 상호작용 사례는 어떠한가?
- 유아의 일상 경험에 기초한 보육내용을 통합적으로 운영한 사례는 무엇인가?
- 유아의 요구와 질문에 경청하고 긍정적으로 반응한 교사의 상호작용은

무엇인가?

- 유아들의 놀이활동 지원을 반영한 교육활동을 계획하고 있는가?
- 유아를 차별하지 않기 위해 시도한 교사의 상호작용은 무엇인가?
- 유아가 스스로 해결하도록 지도한 교사의 상호작용은 무엇인가?
- 유아의 부정적인 정서를 긍정적으로 수용하기 위한 교사의 시도나 상호작용은 무엇인가?
- 유아 간의 다툼이나 문제 상황에 적절히 개입한 교사의 상호작용은 어떠한가?

이와 같은 관점에서 유아-교사 상호작용을 지속적으로 관찰하고 관찰내용을 토대로 반성적 사고하기를 연습하면 바람직한 교사의 상호작용 직무능력을 함양할 수 있다.

실습생은 영유아-교사 상호작용 중 의미 있고 주요한 장면을 매일 세심하게 관찰하고 그 내용을 실습일지에 기록하며 반성적 사고를 하거나, 의문점이 있는 경우 지도교사에 질문함으로써 실무능력을 함양할 수 있다.

〈유아–교사 간의 상호작용 관찰 양식(예)〉

<table>
<tr><td colspan="2">관 찰 자: 관찰일시:
관찰시간: 관찰학급:</td></tr>
<tr><td>관찰시간</td><td>오전 놀이활동시간(10:00~ 10:20)</td></tr>
<tr><td>관찰장면</td><td>3명의 유아들의 쌓기놀이방에서 동네꾸미기를 하고 있음</td></tr>
<tr><td>관찰기록
내 용</td><td></td></tr>
<tr><td>요 약</td><td></td></tr>
</table>

4. 유아활동 관찰 및 기록

4장에서 제시한 영유아의 발달 특성을 이해하고 관찰하는 것은 교육활동을 계획 및 실행, 평가하는 데 매우 중요한 요소이다. 유아관찰은 우선 무엇을, 왜 관찰하고자 하는 것인지 분명히 하고, 관찰한 내용을 기록 할 때 가능한 자세히 객관적으로 기록해야 한다. 기록된 것 다양한 정보들은 추론과 평가의 과정을 거쳐 유아들에 대한 객관적이고 반성적 사고를 하게 되며 유아들의 활동과 발달을 돕는데 반영하게 된다.

유아 행동의 특징이나 변화, 사건 등을 관찰하여 사실적으로 기록의 방법으로 가장 많이 활용되는 것이 일화기록법이다. 특정한 시간이나 사건에 제한 없이 언제 어디서나 기록할 수 있는 장점이 있어 유아교육기관에 가장 많이 사용되고 있다. 관찰자는 특별한 준비나 계획 없이도 유아를 이해하고 그들의 행동이나 사고의 특징들을 파악하고 기록할 수 있다.

실습 기간 동안 효과적인 관찰 실무능력을 증진하기 위해서는 다음과 같은 사항을 토대로 매일 관찰해 보는 것이 중요하다.

- 매일 한 명이상의 유아를 집중 관찰한다. 관찰능력이 숙련되면 관찰 대상 영유아의 수를 점차 늘린다.
- 하루 일과 시간대별로 관찰해 본다.
- 발달영역, 누리과정의 영역 또는 흥미영역 중심으로 관찰해 본다.
- 관찰을 통해 영유아의 개별적 흥미, 또래관계, 놀이 행동 특성 등을 파악해 본다.
- 언제든지 관찰기록이 가능하도록 작은 메모지와 필기구를 소지한다.
- 일과 중에 자세한 일화기록은 어려우므로 중요 사항 중심의 약식 기록을 하고 일과 종료 후에 그 내용을 기초로 해서 자세히 작성한다.
- 관찰기록에 대해서는 매번 지도교사에게 확인받으면서 정확한 관찰과 올바른 기록방법을 숙지한다.

〈일화기록의 예시〉

관찰유아: 김하늘(남아, 만 4세)
관찰일: 년 월 일
현재연령: 4년 2개월
관찰시간: 오전 ~ (3분)
관찰장면: 자유놀이 시간 중 역할놀이 영역

일화 기록(내용)
하늘이가 나라에게 "역할놀이 영역에서 놀자" 라고 하였다. 그러나 나라는 하늘이에게 "싫어" 하며 거절하고 쌓기 영역으로 가버린다, 하늘이는 두발을 쿵쿵 소리를 내며 얼굴을 울그락 불그락 한다. 하늘이는 나라에게 달려가 머리를 한 대 때렸다. "너랑 안 놀아" 라고 하늘이가 말하자 나라는 그 자리에 앉아서 운다. 선생님이 다가오자 나라는 " 하늘이가 때렸어요" 라고 말한다. 하늘이는 눈썹을 찌푸리며 큰 목소리로" 내가 놀자고 했는데 안 논다고 했잖아! 넌 나빠"라고 말한다. 선생님은 나라의 등을 다독여 준다. 나라는 이야기를 하지 않고 계속 울고 있다. 선생님은 하늘이에게 "나라의 기분이 어떨 것 같니? 나라가 많이 속상해 하고 있네" 하고 말한다.

평가
하늘이는 친구와의 관계에서 사회적 기술이 부족하다. 그리고 나라도 자시의 생각을 울음이 아닌 말로 표현 할 수 있어야 한다.

〈일화기록 서식 예1〉

일화기록지	
관찰아동	현재연령
관 찰 일	관 찰 자
관찰장면	관찰시간
기록	
평가	

〈일화기록 서식 예2〉

자유놀이 시간에 한가지 영역을 정해 그 영역 안에서 보여지는 유아들의 행동에 대하여 기록하는 서식을 제시하였다. 여기에서의 관찰기록은 놀이 영역에서의 유아들의 개인활동과 사회적 행동, 친구관계 등의 정보를 다양하게 얻을 수 있다.

〈놀이시간 일화기록 서식〉

<table>
<tr><td colspan="3">일화기록지</td></tr>
<tr><td colspan="3">놀이영역: 관찰날짜</td></tr>
<tr><td>이름</td><td>이름</td><td>이름</td></tr>
<tr><td></td><td></td><td></td></tr>
<tr><td>이름</td><td>이름</td><td>이름</td></tr>
<tr><td></td><td></td><td></td></tr>
<tr><td>이름</td><td>이름</td><td>이름</td></tr>
<tr><td></td><td></td><td></td></tr>
</table>

〈유아관찰 평정척도 예〉

* 사회기술과 관련된 행동 유무와 특성들을 알아보는 평가방법이다.

관찰기록표

유아이름:
관찰날짜:

지시: 다음의 각 항목을 읽고 관찰하는 유아의 사회성 발달에 평점을 준다.

1. 놀이의 형태	주로 혼자서 논다.	1 2 3 4 5	주로 친구들과 논다.
2. 친구들 사이에서의 주도권	먼저 놀이를 제안하거나 시작하는 경우가 거의 없다.	1 2 3 4 5	대부분의 활동을 친구들에게 먼저 제안한다.
3. 친구관계	친하게 지내는 친구가 없다.	1 2 3 4 5	친하게 지내는 친구가 아주 많다.
4. 자기방어	다른 아이들의 공격적인 행동에서 자신을 거의 보호하지 못한다.	1 2 3 4 5	언제나 자신을 잘 방어한다.
5. 공격성	사소한 일에도 친구들을 밀거나 때린다.	1 2 3 4 5	아무리 화가 나도 친구들을 신체적으로 공격하는 일은 거의 없고 말로 해결한다.
6. 돕기행동	교사나 친구들을 도와주는 일이 거의 없다.	1 2 3 4 5	교사나 친구들을 언제나 잘 도와준다.
7. 나누기 행동	물건이나 장난감을 친구들과 잘 나누어 쓸 줄 모른다.	1 2 3 4 5	물건이나 장난감을 친구들과 잘 나누어 쓴다.

출처: 오성숙(2020), 유아사회성발달지도.

Chapter

06

상호작용 기술

Chapter 06

상호작용 기술

상호작용은 유아들 간의 관계와 더 나아가 물리적 환경, 현상들과의 서로 영향을 미치고 관계를 맺는 과정이라고 할 수 있다. 이 시기에 유아가 하는 경험의 대부분은 교사와의 상호작용을 통해 이루어진다. 교사와 유아간의 긍정적인 상호작용은 교수 · 학습의 질을 구성하는 핵심적인 요소가 된다. 유아는 다른 사람과의 관계를 통해서 학습하게 되므로, 교사의 상호작용 능력은 유아의 건전한 성장과 발달에 직접적인 영향을 미친다. 이는 유아의 전인적인 성장과 발달을 위해서 유아와 교사의 질 높은 상호작용이 필요하다는 것을 시사한다. 유아의 발달의 촉진시켜 주고, 지속적인 학습을 유지시켜 주는 상호작용 유형의 기본원칙을 제시하면 다음과 같다(누리과정 교사용 지침서, 2019).

1. 상호작용 기술의 기본 원칙

■ 인정하기

인정하기는 유아에게 과나심을 기울여주고, 활동을 지속할 수 있도록 긍정적인 격려나 칭찬을 해주는 것으로 교사는 유아의 생각이나 느낌, 행동을 인정해

주면 유아는 더욱 즐겁게 생활하고 활동에 참여할 수 있다. 막연하고 지나치게 칭찬하면 유아의 내적 동기를 약화 시킬수 있으므로 구체적인 사실에 근거하여 인정해 주어야 한다.

■ **모범보이기**

학급에서 일어나기를 바라는 경향, 태도, 가치에 대해 교사가 바람직한 모습을 보여줌으로써 유아가 적절한 행동, 즉 바르게 말하기, 정리정돈하기, 공손한 태도, 골고루 먹기 등을 교사 자신이 매일의 생활에서 실천함으로써 유아가 자연스럽게 느끼거나 받아들일 수 있도록 하는 것이다. 행동 그 자체를 모방하는 것에 초첨을 두는 것이 아니라 행동 이면의 가치, 성향, 태도를 닮아가는 것을 더 중요하게 본다.

■ **촉진하기**

교사의 최소한 개입으로 유아의 학습을 용이하게 해 주는 상호작용 유형으로, 유아가 고제나 문제를 보다 쉽게 해결할 수 있도록 일과 계획하기, 보조교사 함께하기, 활동 시간 조절하기 등의 방법을 의미한다. 에를 들어, 다른 친구들이 놀이하는 인접한 곳 활동에 집중하지 못할 때 교사는 다른 곳으로 자리를 옮겨 주고 유아가 하는 활동을 곁에서 지켜봐 주는 등의 행동이다.

■ **지지하기**

유아의 현재능력이 어느 정도에 이르면, 다음 발달 수준으로 넘어서도록 도움을 주거나 도전해 볼 수 있는 기회를 제공하는 것으로, 교사는 유아가 어떤 단계에 있는지를 파악하고, 새로운 단계로 발전할 수 있도록 기회를 주어야 한다. 그리고 유아가 스스로 하고 싶지만 도움이 없으면 하기 어려운 활동 과제를 알아내어 도움을 주어야 한다.

■ 함께 구성하기

모형이나 블록을 함께 쌓아 올리는 것처럼 교사와 유아가 공동으로 문제나 과제를 함께 생각하고 조사하며, 배우고 해결해 나가는 것으로, 이때 교사와 유아는 모두 학습자인 동시에 교사가 된다. 문제나 과제를 해결해 가는 과정에서 교사가 즉시 답을 알려주기 보다는 유아와 함께 공동의 학습자가 되어 유아가 문제 해결 과정을 경험해 가도록 도와야 한다. 예를 들어 집과 집을 이어주는 다리를 어떻게 만들 수 있을 지 생각해 보고 이를 함께 해결해 가는 것이다.

■ 시범보이기

어떤 사항을 유아에게 구체적으로 지도하기 위해 교사가 활동에 저극ㄱ적으로 참여하여 부여 주는 상호작용으로, 유아는 교사가 직접 시범을 보이는 모습을 관찰할 수 있기 때문에 더욱 쉽게 특별한 기술을 습득할 수 있다. 위함한 도구를 사용하는 데 가장 안전한 방법을 보여주거나 새로운 기술을 가르칠 때 효과적인 방법이다.

■ 지도하기

유아가 착오 없이 학습이 이루어지도록 교사가 필요한 정보나 지식을 전달하는 과정으로, 지식과 정보를 더 많이 가진 사람이 그렇지 못한 사람에게 정보를 전달하고 말해 주는 전통적인 방법이다. 지도하기는 유아들이 스스로 문제를 발견하고 해결하는 것보다 직접적으로 그 방법을 말해 주는 것이 더 효과적일 때 사용하는 것이 바람직하다. 예를 들면, 안전과 관련된 교육내용이거나 도구 사용하는 방법이나 새로운 기술을 익히는 경우이다.

2. 일과 중 긍정적인 행동 지원을 위한 상호작용 기술

교육기관에서의 하루일과 속에 교사는 유아와 마음으로 대화하기 위해 먼저, 긍정적이고 행동 지원을 위한 수용적인상호작용 할 수 있는 충분한 기술을 갖추고 있어야 한다. 이러한 대화는 유아들의 바람직한 행동 형성뿐 만 아니라 자존감 발달에도 도움을 줄 수 있다.

유아의 자존감의 발달은 주변의 수많은 사건에 대하여 사람이 어떻게 반응하고 그 사건과 관련되어 자기 스스로를 어떻게 느끼느냐에 기초하여 형성된다고 보았다(Rogers, 1998). 개개인의 의식적인 지각은 매우 주관적이기 때문에 교사가 유아와의 관계에서 교사의 행동이나 말이 때론 그 상황에 관련된 교사 자신의 견해를 유아에게 강요하는 것으로 인식되어질 수 있다는 것이다. 교사는 어떤 상황에 대해 어떻게 생각하고 느껴야 하는지를 유아에게 말하려 하지 말고 오히려 영유아 스스로 생각하도록 허용함으로써 자신의 판단을 믿도록 도와주는 것이 필요할 때도 있다. 교사가 생활 속에서 특히, 갈등상황이나 어려운 상황이 일어날 경우, 그 해결책을 제시하기보다는 유아 스스로 행동을 변화시킬 수 있다고 믿고 수용하는 자세가 요구된다.

예) 은영: 은정이를 보고 "난 네가 싫어!"

교사: "은영아! 넌 은정이 좋아하잖아. 너희는 친한 친구잖아"

참고) 위에서의 교사의 반응은 그 시점에 은정이가 지각하는 감정을 인정하거나 수용하는 것이 아니고, 교사 자신의 관점을 은영에게 부여하는 있다.

다음은 하루 일과 속에서 수용적인 언어와 행동으로 대화하는 기술을 구체적으로 살펴본다.

■ 효율적으로 듣고 개방적으로 반응하기

교사들이 유아의 말을 효율적으로 듣기 위해서는 그들에게 그들이 말하는 것 뿐 아니라 말하지 않는 내면의 감정을 이해하고 있다는 것을 알게 하는 반영적 청취(reflective listening)가 필요하다.

> "나는 다시는 그 애와 놀지 않을 거야" 라고 하였을 때 "너는 그 애에게 정말 화가 나 있구나" 라고 하여 유아 스스로 문제와 그에 대한 감정을 분명하게 하도록 돕는 피드백을 주는 것이다.

위의 사례처럼 반영적인 청취를 위해서는 교사들의 폐쇄적인 반응보다는 개방적인 반응이 필요하다. 개방적인 반응은 유아가 표현하려는 의도나 감정에 민감하거나 비판적이지 않게 반응을 하는 것으로 유아에게 그들의 말을 진정으로 듣고 있음을 느끼게 하고 계속 이야기할 수 있도록 격려하는 반응이라고 할 수 있다.

개방적인 반응

유아 1: 아무도 나랑 놀지 않아요.
교 사: 아무도 너랑 놀려고 하지 않아 속상한 것 같구나.

유아 2: 난 그것 못해요.
교 사: 그것이 정말 어려운가 보구나.

유아 3: 선생님이 이 세상에서 제일 미워.
교 사: 네가 나에게 화가 많이 났구나.

■ **유아에게 자신의 생각과 감정을 전달하고 긍정적인 행동을 위한 지도**

문제가 누구에게 있으며, 그 문제에 대해 어떻게 생각하고 느끼는지를 유아에게 전달하고, 긍정적인 행동을 돕는 단계이다. 문제의 소유가 누구에게 있는지를 인식하는 것과 그에 대한 나 자신의 감정, 의미, 의도 등을 전달하기 위해 나-전달법을 사용할 수 있다. 다음으로 긍정적인 행동지도를 위해 단순히 유아에게 긍정적인 행동을 지시하거나 충고하는 것을 의미하는 것은 아니다. 이를테면 "이것을 하는 것이 어떻겠니?"와 같은 제시는 궁극적으로 스스로 긍정적인 행동할 수 있도록 돕는 것이 아니라 오히려 교사에게 의존적이게 하거나 거부의 반응을 초래할 수 있다. 또한 만약 교사의 지시나 충고의 결과가 잘못되었을 경우, 그에 대한 책임도 지지 않게 되므로 부적절하다. 다음은 긍정적인 행동을 돕는 지도 과정을 소개한다.

예1) 유아의 감정을 이해하고 분명히 하기 위해 반영적 청취를 하는 것이다.
; ...에 화가 난 것 같구나, ...느끼는 것 같구나 등
예2) 유아로부터 바람직한 행동들을 탐색하게 하는 것이다.
; ...에 대해 네가 무엇을 할 수 있는지 찾아보자, 만약 ...가 안된다면 네가 무엇을 할 수 있을까?
예3) 유아가 스스로 해결책을 선택하도록 돕는 것이다.
; 네가 생각하기에 어떤 것이 가장 좋다고 생각하니?
예4) 결정한 것 중 가능한 결과를 안내하는 것이다.
; 만약 네가 그렇게 한다면 어떤 일이 일어날까?
예5) 언질이나 확약을 받는 것이다.
; 네가 무엇을 할지 결정했니?, 언제 그것을 할거니?

1) 놀이활동에서의 상호작용

교사는 먼저 다음과 같은 상황에서 교사는 유아와 대화를 어떻게 진행되어야 할 것인지 고민을 해야 할 것이다.

- 유아들이 자신이나 타인에게 해를 가하고 자료를 잘못 사용하고나 규칙을 위반했을 때
- 유아 혼자 고립되어져 있거나 사회적 위기에 있다고 판단되어질 때
- 유아가 교사 개입을 요구할 때
- 관찰 한 후, 유아의 놀이 활동에 대한 반응으로서 교사가 놀이를 확장시키고자 할 때

다음은 효율적인 놀이 활동의 대화 기술을 살펴본다.

- 교사는 모든 유아를 깊이 관찰하여 교실에서 활동에 효율적으로 참여하지 못하는 유아의 떠도는 행동, 방관자 행동, 거친 행동 등에는 직접적인 명령에 의한 지시를 동반한 대화를 통하여 활동의 방향을 제시하거나 직접 활동의 동반자로 참여한다.
- 활동영역에서 진행되는 상호적인 활동에는 교사의 계속적인 관찰이 필요하며 활동과정과 결과에 대하여 칭찬과 격려를 하여 유아가 활동을 깊이 담색하도록 한다.
- 교사는 유아의 활동에 자발적인 주도성을 격려하기 위하여 조작 및 미술영역의 구성놀이 혹은 결과 중심의 활동에 대하여 교사의 상호작용을 최소화한다.
- 교사의 질문이 유아들에게 있어 무의미하게 끝날지도 모르는 활동을 교육적 의미 있는 활동으로 유도하기 위해 활용할 수 있는 기본 모형을 제시한다.

적극적 관찰— 비지시적 진술— 발문 —지시적 진술 — 모델화— 중재

각 단계마다 활동 지도를 시행한 후에는 다시 처음단계인 적극적인 관찰 단계

로 되돌아와야 한다. 만약 교사의 상호작용으로 인해 유아가 활동을 성공적으로 하고 있다면 중재활동을 멈출 수 있다.

〈놀이상황의 예〉 물놀이영역에서 한 유아가 점토로 물놀이를 하고 있는 경우이다.

- 유아 행동: 유아는 공만한 점토를 올리며 그 점토를 물에 뜨게 하려고 계속해서 2~ 3번 그 행동을 반복한다.
- 교사 행동: 적극적 관찰을 한다. 뜨고 가라앉는 것의 문제를 해결하려는 유아를 계 속 관찰한다.
- 유아 행동: 유아는 점토덩어리를 물속에 집어 던짐으로써 문제 해결이 안 된 것으로 인한 좌절감을 표출하고 이어서 물놀이 책상을 떠나려고 한다.
- 교사 행동: 비지시적 진술을 한다.
- 교사 행동: 발문
  - 평가적 질문

    교사: 물속에 나무 블록을 넣었을 때 무슨 일이 일어날까?

    유아: 올라와요

    교사: 맞았어, 떠 있을거야
  - 발산적 발문

    교사: 내가 병 뚜껑을 뜨게 했던 것처럼 점토를 병 뚜껑 모양처럼 만들 수 있겠니?
  - 수렴적 발문

    교사: 프라스틱 접시받침도 병 뚜껑처럼 뜰까?
- 교사 행동: 유아가 문제 해결을 하지 못하는 것을 관찰하면 다음 단계인 지시적 진술 단계로 들어간다."점토를 집어 올려 보아라" "그 점토로 뜨게 할 수 있는 모양이 어떤 것이 있는지 알기 위해 점토로 여러 가지 모양을

만들어 보아라" 유아가 문제를 해결하려는 욕구가 있을 때 최대의 효과를 나타낼 수 있다,

- 교사 행동: 시범화로 교사는 활동도구와 자료의 사용법을 실제로 보여주어야 할 때가 있다.
- 교사 행동: 물리적 상호작용, 물리적으로 새롭고 흥미있는 환경을 구성, 새로운 자료 첨가, 유아의 활동을 촉진시킨다.

3. 모임활동에서의 수업발문 기술

- 교사는 유아의 사고과정과 관심 사항에 초점을 맞추어 질문한다.
- 반복적인 발문을 피한다.
- 6가지 발문의 수준을 익혀두어 사용한다.
  - 지식: 학습자가 정보를 생각해 내거나 회상해 내도록 하는 수준의 발문
    예) 색깔 찾기 놀이를 할 때 너희들은 어떤 색을 찾아 보았니?
    어떤 장면이 재미있었니?
    너희들은 어떨 때 기분이 좋으니?
  - 이해: 학습자가 이해한 바를 설명하도록 하는 수준의 질문
    예) 너희는 슬픈 게 어떤 거라고 생각하니?
    이것이 그림편지라면 어떤 이야기를 하고 잇는 것 같니?
  - 적용: 유아들이 문제와 관련된 법칙과정을 이미 알고 있는 정보를 응용하여 답을 말해보도록 하는 수준의 질문
    예) 그림을 그릴 때 이것말고 사용할 수 있는 것이 무엇이 잇을까?
    여기 이 물건과 쓰임이 비슷한 것을 우리 주변에서 찾아보면 무엇

이 있을까?

– 분석: 어떠한 것의 동기, 이유, 원인과 이유를 밝혀 보도록 하는 수준의 질문

예) 왜 화가들마다 나무를 다르게 그려을까?

글자도 있는데 왜 그림을 그려서 이 곳을 알리는 걸까?

– 종합: 독창적이고 창의적인 사고랄 것을 요구하는 것으로 다양하면서 창의적인 답을 말해보도록 하는 수준의 질문

예) 코끼리가 무지개를 그린 다음 어떤 일이 일어났을까?

이 놀이를 재미있게 하기 위해서 어떤 약속이 더 필요한지 않은지 생각해 볼까?

– 평가: 다양한 아이디어, 문제해결, 심미적 측면들을 고려하여 자신의 의견을 말해보도록 하는 수준의 질문

예) 이 중에서 어떤 제목이 가장 어울리는 것 같니?

너희가 말해준 표현 중에서 가장 멋지다고 생각하는 것은 무엇이니?

〈발문의 실제〉

발문의 유형	발문에서 발견할 수 있는 단어들	발문의 실제
지식(기억)	열거하다, 기억하다, 알다, 확인하다, 재생하다, 인지하다	• 색깔 찾기 놀이를 할 때 너흐들은 어떤 색을 찾아 보았니? • 어떤 장면이 재미있었니? • 너희들은 어떨 때 기분이 좋으니?
이해	단어기술하다, 바꾸어 말하다. 비교하다. 네 말로 말하다, 대조시키다. 주요 아이디어를 설명하다	• 너희는 슬픈 게 어떤 거라고 생각하니? • 아것이 그림편지라면 어떤 이야기를 하고 잇는 것 같니?

발문의 유형	발문에서 발견할 수 있는 단어들	발문의 실제
적용	예을 들다, 분류하다, 다른 형식으로 바꾸다, 사용하다, 만들다, 선택하다, 기록하다, 실례를 들어 설명하다	• 그림을 그릴 때 이것말고 사용할 수 있는 것이 무엇이 잇을까? • 여기 이 물건과 쓰임이 비슷한 것을 우리 주변에서 찾아보면 무엇이이 잇을까?
분석	원인을 확인하다, 분석하다. 추론하다, 비교하다, 배열하다, 조사하다, 요약하다, 분석하다	• 왜 화가들마다 나무를 다르게 그려을까? • 글자도 있는데 왜 그림을 그려서 이 곳을 알리는 걸까?
종합	예언하다, 구성하다, 창조하다, 상상하다, 가정하다, 설계하다, 결합하다, 개발하다	• 코끼리가 무지개를 그린 다음 어떤 일이 일어났을까? • 이 놀이를 재미있게 하기 위해서 어떤 약속이 더 필요한지 않은지 생각해 볼까?
평가	판단하다, 입증하다, 평가하다, 결정하다, 선택하다, 추천하다, 결론을 짓다, 어는 것이 더 낫니?	• 이 중에서 어떤 제목이 가장 어울리는 것 같니? • 너희가 말해준 표현 중에서 가장 멋지다고 생각하는 것은 무엇이니?

- 교사의 유창성(생각을 많이 하는 능력), 유연성(다양한 범주에서 사고하는 능력) 등의 능력을 배가할 수 있는 질문을 사용한다.
- 수렴적 발문(정확한 대답하나만 요구하기) 과 확산적 발문(여러 가지 다른 질문들을 요구하기)인 질문을 자유롭게 제공할 수 있어야 한다.
- 칭찬과 강화하기, 교정하기를 적절하게 사용할 수 있어야 하는데 피상적인 것이 아니라 실제적인 방법으로 구체적으로 한다.
- 발문계획을 할 때. 활동의 목표, 내용, 유아에게 적합한 발문의 순서를 점검하고 적용한다.

4. 그밖의 상호작용 기술

교사는 유아에게 진심어린 태도로 관심을 보이며 인정하고 따뜻한 말과 신체적 접촉, 수용의 눈빛 등 언어적·비언어적으로 상호작용한다. 유아가 스스로 가치있는 존재라고 인식할 수 있도록 표현하는 지지적인 상호작용은 유아들에게 긍정적인 사고촉진 및 자아존중감을 높인다.

〈긍정적인 사고촉진을 위한 상호작용 기술〉

대화기술	교사의 질문
신뢰하기 **(믿고 의지하는 마음)**	• 선생님은 영희가 잘 할 수 있을 거라고 생각해. • 영희야! 네가 잘 생각하고 결정했을 거라고 믿어. • 영희야! 너의 판단을 믿는다. • 영희야! 넌 그 문제를 잘 해낼거야.
격려하기 **(용기나 힘 등을 북돋아 주는 것)**	• 그렇게도 생각할 수 있구나. 재미있는 생각이야. • 여러 번 생각한 것 같구나. • 미래는 잘 할 수 있을거야. • 그렇게 하니까 훨씬 좋아 보이는걸! • 처음보다 점점 좋아졌는걸.
경청하기 **(마음을 읽어주는 것)**	• 우유가 먹고 싶지 않구나. • 네가 져서 많이 속상하구나. • 친구와 놀고 싶구나. • 놀이터에 가고 싶은 것 같네.
인정하기 **(확실히 그렇다고 여기는 것)**	• 처음보다 점점 좋아졌는걸. • 오늘은 어제보다 더 멋진걸. • 여러 번 생각한 것 같구나. • 정말 열심히 한 것 같구나. • 힘든 일을 끝까지 해냈네.

유아는 주변 환경에 대해 민감한 관심과 호기심을 보이고 끊임없이 질문하고 같은 질문을 반복하기도 한다. 교사는 적절한 언어적 상호작용을 함으로써 지식의 확장을 통한 질적수준의 변화는 물론 문제해결 능력을 향상시킬 수 있다.

〈문제해결능력 향상을 위한 상호작용 기술?〉

상호작용 기술	교사의 질문
대안 제시하기 (다른 방법이나 관점을 찾아보게 하는 것)	• 강 건널 때 배타고 가는 것 외의 다른 방법은 없을까? • 외출하려는데 비는 오고 우산이 없으면 어떻게 하지? • 젓가락이 없으면 라면을 무엇으로 먹을까? • 어두운 곳에 전기가 없다면 어떻게 불을 밝힐까?
창의적 사고 끌어내기 (새로운 생각이나 의견을 끌어내는 것)	• 이번에는 어떤 모양으로 하면 좋을까? • 넌 무얼 생각하니? • 친구들과 바깥놀이를 하려고 하는데 어떤 놀이를 하면 좋을까? • 색물감과 밀가루 점토가 있는데 어쩧게 하면 좋겠니?
문제 해결하기 (문제해결을 위한 사고를 촉진하는 것)	• 만약 전기가 없다면 시원한 바람은 어디서 구할까? • 공간이 좁은데 커다란 블록을 어디에 놓으면 좋겠니? • 우리가 만든 로켓의 이름으로 어떤 이름이 좋을까?
평가하기 (옳고 그름이나, 적합/부적합에 대해 평가하는 것)	• 우리 반 친구들이 정한 규칙에 대해 이야기해 보자. • 산책을 가려는데 먼저 나가려고 친구를 밀면서 뛰어가는 친구에 대해 어떻게 생각하겠니? • 오늘 새 놀잇감은 어땠니?

〈탐구적 태도를 격려하는 상호작용 기술〉

호기심 많은 유아기의 특성을 고려하여 사물과 자연환경에 대해 관심을 갖고 지속적으로 탐구하려는 마음과 탐구과정을 즐길 수 있는 태도를 기를 수 있도록 상호작용을 하여야 한다.

상호작용 기술	교사의 질문
관심갖기 (신경 또는 주의를 기울이도록 하는 것)	• 벽에는 무엇이 있을까? • 여기는 어떤 놀이를 하는 곳일까? • 창 밖에는 어떤 것이 보이나요? • 친구들이 어떤 놀이를 하고 있는지 가볼까?
과정 즐기기 (진행 중인 경로를 즐기는 것)	• 영희는 그림 그리기를 좋아하는구나? • 네가 쌓고 있는 멋진 건물이름을 말해줄래? • 점토놀이가 즐거운 모양이구나? • 오늘 점심을 맛있게 먹고 있네.
확장하기 (사고의 범위 등을 늘리기 위해 다른 방법으로 유도하는 것)	• 그 일이 왜 일어났는지 좀 더 말해줄래? • 너의 생각이 이것 말고 또 있니? • 원숭이가 좋아하는 과일을 말해보자. • 파랑물감으로 조금 더 칠해보면 어떻겠니?
정보 제공하기 (어떤 상황에 대한 새로운 소식이나 자료, 힌트를 주는 것)	• 물고기 그림이 필요하면 도서영역에서 찾아보자. • 내일 날씨가 궁금하면 일기예보를 찾아보자. • 계란 한 개의 무게를 알고 싶으면 저울로 달아보자. • 쓰레기 분리를 잘 모르면 분리수거장에 가보자.

〈논리 · 수학적 지식활동을 위한 상호작용 기술〉

어떤 문제를 학습하기 위한 지식의 복합적 형태로 모든 사물, 사건, 행동 간의 관계를 인지적으로 비교하여 유사점과 차이점을 찾고 이해할 수 있도록 논리 수학적 추론에 흥미를 가지도록 상호작용하여야 한다.

상호작용 기술	교사의 질문
비교하기 (유사점과 차이점을 비교해 보는 것)	• 낮에 불을 켰을 때와 껐을 때, 언제가 더 밝으니? • 버스와 기차 중 어느 쪽이 더 빠르니? • 이것들이 어떻게 똑같니? (어떻게 다르니?) • 누가 가장 많이 가지고 있니?
지식 적용하기 (이미 알고 있는 지식으로 대답을 요하는 것)	• 이가 아프면 치과에 가는데 눈이 아프면 어느 병원으로 갈까? • 식물이 자라기 위해서는 필요한 조건이 있는데, 햇빛과 공기 그리고 무엇이 필요할까?
재경험하기 (과거의 경험을 회상시키는 것)	• 너의 방법이 좋은 것 같은데 친구에게 보여줄래? • 어제 했던 놀이를 다시 해볼까? • 어떤 놀이가 좋았는지 이야기 나눠 보자. • 어제 했던 플록파티를 오늘 또 하면 어떨까?
변형하기 (사물의 성질변화에 관한 것)	• 눈사람에 해가 비치면 어떻게 될까? • 젖은 옷을 햇볕에 널어두면 어떻게 될까? • 물을 계속 끓이면 어떻게 될까? • 쓰레기를 흙속에 묻어두면 어떻게 될까?

Chapter

07

유아 문제행동 이해와 지원

Chapter 07

유아 문제행동 이해와 지원

유아기는 아직 사고의 논리성이나 객관성이 부족하고 언어적 표현력도 완전하지 못한 시기여서 유아들의 언어에는 자기중심적인 경향과 환상적이며 가공적인 면이 많이 내재되어 있다. 이러한 유아를 대상으로 언어를 통해 그들의 사회적 문제를 이해하고 해결한다는 것은 결코 쉬운 일이 아니다. 교사의 입장에서 유아가 논리적으로 사고할 것을 강요하지 말고, 진정으로 유아를 이해하려는 마음가짐으로 주의 깊게 유아의 이야기에 경청하고 대화를 나눈다면 유아와 소통하는 방법을 찾게 되고 이어서 그들이 가진 문제들을 해결해 나갈 수 있는 출발섬이다.

1. 유아문제행동 지도원리

유아의 바람직하지 않는 행동을 지도하고 문제 상황에서 적절히 개입하는 것은 유아의 자존감과 문제해결 능력을 길러 주는 필수적 요소이다. 특히, 긍정적인 방법으로 지도하는 것은 무엇보다 중요하다. 이를 위해 교사가 주지해야 할 몇 가지 지침을 소개한다.

- 유아의 바람직하지 않는 행동을 지도할 때 벌을 세우거나 위협하는 말, 비난하는 말을 사용하지 않는다. 이러한 방법은 장기적으로 유아가 바람직한 행동을 습득하는 데 도움이 되지 않을뿐더러 유아의 자존감에도 부정적인 영향을 주게 된다.
- 일과 중에 문제 상황이 생기면 그때마다 바람직한 행동을 지도하는 기회로 활용한다. 유아들과 함께 간단한 규칙을 정하는 것이 좋을 수 있다.
- 유아 간의 다툼과 문제 상황에 적절히 개입해서 유아가 스스로 해결할 수 있도록 도와준다. 교사가 다툼이나 문제 상황이 있을 때 무관심하게 모른 척 하거나 교사가 직접 문제를 해결하게 되면 유아 스스로 문제를 해결하는 기술과 다른 사람의 느낌을 생각해 볼 수 있는 기회를 놓치게 된다.
- 갈등상황에서 울음으로 교사에게 의존해서 도움을 요구하거나 이르는 경우, 유아 스스로 이야기해서 문제를 해결해 볼 수 있도록 격려해준다.
- 유아들 간의 다툼이 있을 때는 신체적 다툼이 일어나기 전에 충돌을 예방하고 다른 놀이로 전환시켜 준다.

참고) 유아들과 갈등상황에 개입하는 방법

■ 즉시 교사가 개입하는 경우

- 행동이 너무 공격적이거나 통제가 불가능할 때
- 유아가 물거나 때릴 때, 머리를 잡아당기거나 물건을 던질 때
- 유아가 울거나 비명을 지를 때
- 유아들이 중도에 그만두지 않고 끝까지 싸움을 벌일 때

■ 개입방법

- 먼저 교사의 감정이 안정되어 있는지 확인한다.
- 만약, 두 명 이상 다투고 있다면, 가장 격렬히 다투는 유아를 조용한 곳으로 데려가 이야기하도록 한다.

- 유아들이 너무 화가 나서 말을 하지 않거나 들으려고 하지 않을 경우, 마음이 가라앉을 때까지 옆에서 기다려준다. 울 경우 울음이 그칠 때까지 기다려 준다.
- 유아가 교사의 침착한 눈을 보고 교사가 화가 나지 않았으며 자기를 도우려는 것을 알게 되면, 교사는 갈등전이 기술을 사용한다.

■ 갈등전이 기술

- 유아가 스스로 갈등 상황에 대해야 말하도록 돕는다.
- 꾸짖지 않고 유아의 말을 수용한다.
- 갈등 상대에 대한 감정이입을 조성하여 준다.
- 갈등 상대와의 화해방법을 모색하도록 한다.

2. 유아문제행동의 지원 실제

1) 집단 규칙을 어기거나 모르는 경우

전조작기에 속하는 유아들은 행동 발생의 원인과 결과를 생각해서 규칙을 따르기 보다는 성인을 기쁘게 하거나 꾸중을 피하기 위해서 등의 피상적인 이유로 규칙을 따르게 된다. 따라서 교사는 이 시기 유아들에게 규칙에 필요한 이유와 지켜 나가는 과정에서 유아들을 같이 참여시켜 유아들과 수행할 수 있는 규칙들을 함께 만들면서 지키도록 이끄는 것이 필요하다. 다음은 집단 규칙을 지도방법이다.

■ 1단계: 집단 규칙의 필요성 이야기하기

교사는 유아들과 함께 규칙이 필요한 이유에 대해서 이야기나누기를 통해 유아들이 규칙이 필요한 이유를 인식할 수 있도록 해야한다.

■ 2단계: 집단 규칙 만들기

집단 규칙을 일방적으로 제시하기보다는 유아들과 함께 교실에서 지켜야 할 규칙들을 같이 정하게 한다. 이때 교사는 유아들이 모두 지킬 수 있는 적절한 규칙을 만 들 수 있도록 도와야 한다.

■ 3단계: 집단 규칙의 실행

일단 규칙이 만들어졌다면 교사는 먼저 모델을 보이면서 유아들이 조금씩 생활 속에서 집단 규칙을 지켜 나갈 수 있도록 이끌어야 한다.

2) 친사회적 행동이 필요한 경우

저출산으로 가정마다 자녀의 수의 감소로 참고 양보하고 도와주는 친사회적 행동 경험의 기회가 부족하다. 교육기관에서 이러한 친사회적 행동에 대한 지도가 절실히 필요하게 되는데 친사회적 지도 원칙을 소개하면 다음과 같다.

■ 친사회적인 물리적 환경 만들기

유아들이 자율적으로 행동 할 수 있고 활도에 몰입할 수 있는 환경을 구성한다.

■ 긍정적인 개입

교사는 부정적인 말이나 행동보다는 유아의 부정적인 정서를 수용하여 유아가 자신의 느낌을 말로 표현하도록 도와주어야 한다. 혹, 유아가 타인에게 방해가 되는 행동을 하고 있다면 지적하기보다는 다른 활동으로 전환할 수 있도록 이끌어 주어야 한다.

3) 공격적인 행동(물고 때리기, 물건 집어던지기)을 하는 경우

유아들은 자신의 욕구가 충족되지 않을 경우 순간적으로 분노를 느끼면 이를 때리거나 물건 집어던지기와 같은 공격적인 행동을 나타낼 수 있다. 언어적 발달이 늦을수록 부적응 행동이 더 많이 발견된다는 연구들을 볼 때, 유아기 행동이 언어발달과 관련지어 볼 수도 있을 것이다. 또한, 때리기와 같은 행동은 선천적으로 타고난 에너지 양이 많아 자꾸 자극을 찾아다는 것에 연유할 수 있다. 이러한 유아의 공격성은 여아에 비해 남아에게 더 자주 관찰된다. 공격적 행동에 대한 지도방법을 소개하면 다음 같다.

■ 1단계: 공격적인 행동의 부당함을 이해하기

유아들과 동화나 실제 문제 상황 등을 통해 자신의 화를 표현하고 상황을 바꾸는 데 있어서 공격적인 행동은 적절하지 못함을 같이 인식할 수 있도록 해야 한다.

■ 2단계: 공격을 하는 유아에게 화가 나는 상황을 조절하도록 돕기

유아들은 자신의 분노나 좌절을 사회적으로 인정되는 적절한 방법으로 해소하는 방법을 모르기 때문에 공격적인 행동을 하게 되는 경우가 대부분이다.

따라서 교사는 유아가 자신의 화를 상대방에게 언어적으로 표현하는 등의 방법을 지도하여야 한다.

■ 3단계: 공격을 당하는 유아에게 방어하도록 돕기

실제 공격적인 행동이 발생하는 상황에서 공격을 당하는 유아가 자신의 감정을 말로 표현하고 자신의 권리를 주장할 수 있도록 도와주어야 한다.

참고) 공격적 행동이 타고난 높은 에너지 수준에 기인 한 것일 수도 있으므로 교사는 신문지 찢기, 활발한 신체 활동 등의 대안적 활동을 제안함으로써 에너지를 발산할 수 있도록 지도해야 한다.

4) 늘 혼자 노는 경우

유아기의 또래 간 긍정적인 상호관계 현성은 이후의 사회성 발달에 영향을 미치므로 고사는 유아가 친구들과 잘 어울려 놀 수 있도록 관심을 가지고 지도하는 자세가 필요하다. 유아의 고립 행동은 유아의 기질이나 성격이 너무 상대적이거나 또래와의 놀이 경험이 부족한 경우, 사회적인 기술의 부족으로 나타날 수 있다. 혼자노는 행동에 대한 지도방법을 소개하면 다음과 같다.

■ **1단계: 친구와의 상호작용의 기회를 제공**

교사는 또래들과 재미있게 상호작용할 수 있는 다양한 놀이 경험을 제공하여 유아가 자연스럽게 또래들과 어울 릴 수 있도록 이끌어야 한다.

■ **2단계: 자신감 증진**

유아의 장점을 다른 유아들에게 알려 주어 유아가 자신감을 가지고 다른 친구들과 어울려 놀 수 있도록 칭찬과 격려를 제공해야 한다.

5) 거짓말을 자주 하는 경우

유아들은 현실과 상상을 구별하지 못하거나, 주목을 끌기 위해서 또는 체벌받을 것이라는 두려움 등으로 인해 종종 거짓말을 한다. 이러한 거짓말은 이 시기의 정상적인 발달 과정에 나타나는 현상이다. 그러나 이러한 거짓말이 반복될 경우에는 그 원인을 파악하여 습관화가 되지 않도록 적절한 지도가 필요하다. 거짓말에 대한 지도방법을 소개하면 다음과 같다.

■ **1단계: 무시하기**

교사는 유아의 상상에 의하고나 재미삼아 하는 거짓말, 관심을 끌기 위한 거짓말 등에는 반응하기 보다는 가볍게 못들은 척 넘어가는 것이 필요하다.

■ **2단계: 올바르지 않음을 인식시키기**

교사는 거짓말에 관한 동화를 들려주거나 이야기나누기를 통해 거짓말은 옳지 않은 행동임을 유아들에게 이해시키도록 노력해야 한다.

■ **3단계: 실수를 수용하고 정직한 행동을 격려하기**

유아가 실수를 했을 경우에는 야단치기보다는 그 위도를 이해하고 수용하여 주고, 유아가 정직하게 말한 경우에는 칭찬으로 격려해 주는 분위기를 만들어 가야한다.

6) 욕을 자주 하는 경우

유아가 성장하면서 언어적 사용능력이 발달하게 되면 서서히 또래와 사귀면서 욕을 하게 된다. 화가 나거나 좌절감을 느낄 때, 긴장을 풀기 위해 충동적으로 욕하는 경우가 있다. 이 시기의 욕을 나쁜 행위라기보다는 새로운 언어로 생각하여 사용하는 경향이 있다. 교사는 욕을 한다고 해서 야단을 치기보다는 유아가 자신의 감정을 타인이 인정할 수 있는 말로 표현할 수 있도록 지도한다. 욕하는 유아에 대한 지도를 소개하면 다음과 같다.

■ 1단계: 무시하기

우선, 욕하는 행동이 어떤 상황에서 일어나는지 관찰한다. 유아가 화가 났거나 좌절했을 때 욕하는 행동을 보인다면 유아가 욕구 좌절을 적절한 방식으로 표현할 수 있도록 도와주지만, 관심을 끌기 위한 목적으로 욕하는 행동을 보인다면 철저히 무시하는 것이 좋다. 유아가 욕을 할 때, "그러면 안 돼"라고 반응하는 것이 오히려 유아는 자신에게 관심을 가져 주는 것으로 판단하여 이러한 행동을 더 강화시킬 수 있다.

■ 2단계: 욕하는 행동이 바르지 못함을 이해시키기

유아에게 욕하기는 욕을 하는 사람이나 듣는 사람 모두에게 좋은 영향을 미치지 못함을 이야기하거나 욕하는 행동에 대해 선생님이나 부모님이 걱정하고 있음을 표현한다.

■ 3단계: 감정을 나타내는 표현법을 찾아보기

유아들은 또래 간의 다툼의 과정에서 화가 많이 났을 때에 자신의 감정을 표현 할 능력이 부족하여 욕을 하면서 분노의 감정을 표출하는 경우가 많다. 이럴 경우에는 자신의 기분을 표현할 수 있는 다른 표현법들을 같이 사용할 수 있도록 교사는 도와주어야 한다. 그리고 유아가 고운 말을 사용하면 더 많이 칭찬해 준다.

7) 고자질을 자주하는 경우

유아들은 다른 유아들보다 자신의 우세함을 나타내거나 교사의 관심을 불러일으켜 자신에게 주의집중을 하게 하려는 등의 이유로 고자질을 많이 하게 된다. 흔히 남아보다는 여아들이 경쟁과 주의집중을 위해 고자질을 많이 하는 경향이 있다. 이러한 고자질 행동을 지도하는 방법은 다음과 같다.

■ 1단계: 성인의 관심 끌기 원하는 경우 - 충분한 경청과 관심 보이기

고자질 행동이 교사의 관심을 끌기 위한 것이라면 평소 유아의 말에 좀 더 경청하고 관심을 보여 유아가 자신에 대한 존중감을 가질 수 있도록 한다.

■ 2단계: 또래 간 경쟁의 상황에서 우월감을 나타내기 위한 경우 - 상황을 통제하고 고자질 행동은 무시하기

교사는 유아가 고자질할 경우는 그 행동이 유발된 환경을 자세히 관찰하여 바람직하지 못한 경쟁 상황이 우발된 것이라면 그 원인을 파악하여 상황을 변화시켜야 한다. 그리고 계속적으로 고자질을 하는 유아에게는 반응을 보이지 않음을 통해 유아가 자신의 고자질 행동이 교사에게는 아무런 관심이나 반응을 가져올 수 없다는 것을 인식시키도록 해야 한다.

■ 3단계: 습관적으로 고자질 하는 경우 - 상대방의 마음을 이해하기

유아가 습관적으로 고자질을 한다면 교사는 상대방 유아의 마음은 어떠할까에 대한 이야기를 통해 유아의 고자질이 옳지 못한 행동임을 인식하도록 지도해야 한다.

Chapter

08

수업활동

Chapter 08

수업활동

1. 교육활동 이해

유아교육기관에서 이루어지는 교육활동 계획은 교사가 유아의 놀이를 통한 배움을 지원하기 위하여 교육과정 내용과 시간을 조직하는 것이다. 개정 누리과정에서는 교사가 먼저 모든 것을 계획하여 그대로 실행하는 것을 지양하고 실행된 교육과정을 담는 것을 강조하여, 만들어진 교육과정이 아니라 만들어가는 교육과정에 의미를 두고 있다. 교사는 전체 또는 개별 유아가 진행하고 있는 놀이에 초점을 두되 유아가 생활 속에서 경험하고 있는 크고 작은 관심사, 일상생활을 편안하게 유지하기 위하여 필요한 경험, 계절이나 날씨와 같은 자연적인 현상, 유아교육기관의 특별한 행사 등을 반영하여 계획해야 한다.

■ 연간 교육활동

연간계획은 일 년동안 어린이집에서 실행해야 할 보육목표와 내용이 한눈에 파악할 수 있도록 도와주는 포괄적인 계획이다. 연간계획을 작성할 때는 전년도에 실시되었던 평가 또는 피드백을 중심으로 주제 및 활동 내용, 실시 기간, 시기의 적절성을 평가한 후 이에 기초하여 작성한다. 연간계획은 교사 및 어린이집의 자율로 선택 및 통합하여 작성할 수 있는데 일 년간의 주요 행사 및 계절과 예상되는 놀이 주제를 중심으로 작성한다. 단, 비고 및 수정 사항을 두어 유아의 흥미나 어떠한 상황이나 계기로 놀이주제가 변경되었을 때 수정할 수 있도록 한다.

■ 월간, 주간, 교육활동

월간계획 및 주간계획은 하나의 놀이 주제를 중심으로 유아의 일상생활, 놀이, 활동으로 나누어 작성할 수 있다. 단, 놀이 실행 시에는 계획하지 않았던 놀이가 추가될 수 있고, 계획되었다고 하더라도 유아의 관심과 흥미에 따라 놀이와 활동이 삭제 또는 다른 놀이로 변경될 수 있다.

■ 일일 교육활동

일일교육활동은 월간 및 주간교육활동을 근거하여 작성하며, 전날의 놀이가 연계 및 확장되도록 한다. 놀이가 단발성으로 시작하고 종료되지 않도록 교사는 유아의 놀이를 지속적으로 관찰하고 교육적 고민과 교육적 지원에 대한 계획을 기술하는 란이 있도록 한다. 또한, 교사는 일일교육계획을 치밀하게 계획하여 교사가 계획한 대로 실행하기보다는 계획은 세우되, 융통성 있게 조정할 수 있도록 놀이나 활동을 여유있게 구성한다.

〈주간교육계획안 예시〉

<table>
<tr><th colspan="3">○월 ○주 주간교육 계획 안내</th></tr>
<tr><td colspan="2">○월○주
계획</td><td>즐거운 우리 집
(※파란색부분은 유아의 놀이를 관찰하여 추가로 계획에 기재하였음.)</td></tr>
<tr><td rowspan="6">실내자유놀이</td><td>쌓기
(신체)</td><td>– 꽃가게 구성하기
– (지원) 다양한 블록으로 우리집 구성하기</td></tr>
<tr><td>역할</td><td>– 꽃가게 놀이하기
– (지원)가족 놀이하기</td></tr>
<tr><td>언어</td><td>– 봄꽃 사진 카드
– 봄꽃 이름을 읽어보고 써 보기
– (지원)〈스토리톡〉우리 가족을 소개해요
– (지원)'우리집에 놀러와' 인형으로 이야기 짓기</td></tr>
<tr><td>수·과학
조작</td><td>– 꽃과 나무 화보 관찰하기
– 봄꽃 빙고게임
– (지원)가족에게 필요한 물건 빙고게임
– (지원)우리 가족 관계도 구성하기</td></tr>
<tr><td>미술</td><td>– 꽃다발 만들기
– (지원)우리 가족 문패 만들기
– (지원)가족 놀이에 필요한 소품 만들기(사원증, 넥타이, 스마트폰 등)</td></tr>
<tr><td>음률</td><td>– '꽃씨' 노래 부르며 봄꽃 사진 발판 뛰기
– (지원)'사랑♬'노래 부르며 악기 연주하기</td></tr>
<tr><td colspan="2">전이</td><td>'사랑♬' 노래 부르기</td></tr>
<tr><td colspan="2">대·소집단
활동</td><td>〈이야기 나누기〉다양한 가족 형태가 있어요
〈새노래〉사랑♬
〈이야기 나누기〉우리 가족을 소개합니다 (가정연계활동지)</td></tr>
<tr><td colspan="2">실내·외
놀이터
놀이</td><td>〈탐구〉 사택 내 건물 살펴보기
〈대근육(실내대체활동)〉 우리 집에 왜 왔니?</td></tr>
<tr><td colspan="2">기본생활습관</td><td>* 엄마 아빠께 존댓말 사용하기</td></tr>
<tr><td colspan="2">안전교육</td><td>* 〈감염병 및 약물 오남용 예방 등 보건위생 관리교육〉 - 손 씻기는 병을 예방해요</td></tr>
<tr><td colspan="2">행사 및
지역사회연계</td><td>* ○월 ○일: 숲 체험-산림환경연구원</td></tr>
<tr><td colspan="2">공지사항</td><td>– ○월 ○일에는 산림환경연구원으로 숲 체험이 계획되어있습니다. 원활한 진행을 위해 8시 40분까지 1층 ○○반으로 등원 부탁드립니다.
– 등원 시간이 늦어지거나 결석할 경우에는 사유를 알림장에 올려주시기 바랍니다.</td></tr>
</table>

2. 실습일지 작성

실습일지는 하루 동안 학급에서 어떠한 교육활동이 이루어졌는지를 정리하여 기록하는 것이다. 이러한 기록을 통해 교육활동과 교사의 역할에 대해 반성하고 평가하는 기회를 가지게 된다.

다음은 실습일지를 작성하기 전 알아두어야 할 사항과 작성요령에 대해 알아본다.

- 실습지도교사의 수업을 관찰하고 주요사항을 작성하기 위해 관찰 메모지(수첩)와 펜을 준비한다.
- 주요한 수업 활동을 중심으로 주요내용을 단어나 간결한 문장으로 작성한 후 일지에 자세하게 옮겨서 작성한다.
- 교실에 게시된 하루일과표나 아침모임 시간에 안내된 활동명을 먼저 기록해두고 세부적인 상황은 수업활동 진행을 관찰하며 기록한다.
- 메모지(수첩)에 기록한 내용은 일지에 수기 또는 컴퓨터로 정리한다. 일지는 수업활동이 모두 끝난 직후 작성하거나 귀가 후 그 날의 일지는 미루지 말고 바로 작성하는 습관을 가지도록 해야 한다.
- 일지를 지도교사에게 받기 전에 자신의 사인을 먼저 한 후 지도를 받도록 한다. 매일 점검(검사)을 받는 경우도 있으나 실습지도교사의 재량에 따라 일주일 단위로 점검(검사)을 하는 경우도 있다.
- 일지는 반드시 검정펜으로 작성되어야 하고 연필이나 색깔펜으로는 삼간다. 그림이나 도안, 사진을 첨부하는 것은 가능하다.

〈교육실습일지 예〉

교육실습일지

실습교사	지도교사	원감	원장

년　　월　　일 (　요일)

<table>
<tr><th>주제</th><td colspan="2">우리동네</td></tr>
<tr><th>목표</th><td colspan="2">우리동네의 관심을 갖고 친구들과 협력하여 다양한 놀이활동으로 전개할 수 있다.</td></tr>
<tr><th>일과(시간)</th><th>계획 및 실(천)행/ 관찰 내용</th><th>실습생 자기성찰</th></tr>
<tr><td>등원
(　　~ 09:00)</td><td>- 유아 등원시간맞이/ 열체크, 손소독하기
- 가정으로부터 전달사항 파악하기
- 유아들이 가방과 옷등을 스스로 정리 할 수 있도록 지도한다.
- 교실환경을 둘러 보고 놀이 할 수 있도록 지원한다.</td><td rowspan="3">오늘은 실습반 유아들과 함께한 지 4일째 되는 날이다. 등원하는 유아들의 이름을 불러주니 유아들이 반갑게 인사하며 친근감을 드러낸다.
3~4명의 유아들이 다양한 블록을 이용하여 건물을 만들고 그 주변을 무엇으로 꾸며 나갈지 의논하는 모습이다.
역할놀이방에서는 2명의 유아들이 과일이랑 채소 모형을 가지고 책상 위에 진열하더니 종이를 가져다 "미미가게"라 쓰고 붙인다.
유아들은 친구들과 우리동네 관련되는 놀이를 주도적으로 해나가는 모습을 보니 정말 신기하고 기특하다.
놀이에 몰입하는 유아</td></tr>
<tr><td>오전 자유놀이
(09:00 ~ 10:30)</td><td>[자유놀이]
- 우리동네 구성하기
- 우리동네 여러 건물(기관) 꾸미기
- 우리동네 지도 만들기
- 시장놀이
[관찰내용]
- ◇◇이는 여려가지 블럭들을 카펫트에 놓고 "야~ 너희들 여기와서 나랑 건물 짓기 하자"라며 말한다.
- ○○이는 벽면에 붙어 있는 우리동네 지도를 보면서 오른쪽 윗부분에 높은 건물을 그리고 "여기는 우리집이 있는 ○○○아파트 102동이야"라고 말하며 건물을 파란색으로 색칠한다.
- ☆☆이는 시장 팻말을 가져다가 책상 위에 세우고 "나랑 시장놀이 할 사람아~~ 다 모여라"라고 외친다. ♡♡이가 와서 "난 옷 장사할 거다 너는 뭘 할래"라고 말하며 옷방에 옷들을 가져다 책상위에 진열하고 종이를 가져다가 가게 이름을 적어 붙인다.</td></tr>
<tr><td>모임활동
(10:40 ~ 11:30)</td><td>[대문을 열어라]
- 대문의 의미를 알고 동대문과 남대문의 사진을 보면서 이야기 나눈다.
- '동대문을 열어라' 노래를 듣고 다 같이 불러 본다.</td></tr>
</table>

<table>
<tr><td></td><td>– '동대문을 열어라'노래에 맞추어 역할을 정하고 동대문 놀이를 한다.</td><td rowspan="7">들의 모습에는 기쁨이 넘쳐나는 것 같다.
놀이가 끝나고 모임활동 시간에 선생님은 유아들이 집중할 수 있도록 매체와 발문의 전략을 다양하게 활용하는 모습이 돋보인다.
과연 나는 "저렇게 잘 할 수 있을까? 하는 부러움과 걱정이 밀려왔다.
선생님과 협의회 시간에 모임활동과 고나련하여 궁금한 것을 질문하였고선생님께서는 수업의 흐름으로 도입과 전개, 마무리까지의 전략을 상세하게 안내해 주셨는데 실제적으로 많은 도움이 되었다.</td></tr>
<tr><td>화장실 및 휴식
(11:30 ~ 11:50)</td><td>– 모둠별로 화장실을 다녀오기를 한다.
– 휴식시간으로 동화책을 가져와서 자유롭게 보면서 유아들과 이야기한다.</td></tr>
<tr><td>점심 및
이닦기, 개별
휴식
(11:50~12:50)</td><td>– 식사시간임을 알리고 식사할 장소를 함께 정리한다.
* 바른자세로 앉아 골고루 음식을 먹을 수 있도록 지도한다.</td></tr>
<tr><td>모임활동
및
바깥놀이
(13:00 ~ 14:30)</td><td>[커다란 대문을 만들어요]
– 모둠별로 만들고 싶은 대문의 설계도를 만들고 필요한 재료를 찾아서 대문만들기를 한다.
[대문놀이]
– 모둠별로 만든 대문을 활용하여 바깥놀이터에서 게임놀이를 한다.
[관찰내용]
– 모둠별 친구들이 모여 대문 설계도에 대한 의견을 나눈다. 선생님은 모둠별로 진행 과정을 물어보고 참여를 지원한다.</td></tr>
<tr><td>오후간식
(14:40 ~ 15:00)</td><td>– 모둠별로 손을 씻고 오후 간식을 먹는다.
메뉴: 떡볶이</td></tr>
<tr><td>오후 자유놀이
(15::00 ~ 16:30)</td><td>[관찰내용]
– 역할방에서는 ○○와 △△가 음식점 놀이를 하는데 서로 요리사를 맡겠다고 해서 다툼이 일어났다.</td></tr>
<tr><td>정리정돈 및 귀가
(16:30 ~ 17:00)</td><td>– 동화 「동네로 간 여우」를 들려준다.
– 교실을 다함께 정리정돈 할 수 있도록 안내한다.
– 가방과 옷을 스스로 착용하도록 지도한다.</td></tr>
<tr><td>전달(협의)
사항</td><td colspan="2">– 부분수업안 피드백</td></tr>
<tr><td>지도교사
조언</td><td colspan="2">유아들과 놀이시간에 적극적으로 참여하여 놀이하는 모습이 참 인상적이었습니다. 역할방에서 친구들이 놀이하면서 갈등이 있었고 유아들이 선생님께 중재를 요청 했을때 어떻게 해야 할지 몰라 난감한 순간 있었지요. 〈중략〉 유아들의 놀이 흐름을 보다 민감하게 들여다 보는 경험들이 계속 필요하다는 생각을 많이 하셨지요. 오늘도 수고많으셨습니다.</td></tr>
</table>

3. 수업활동의 전략

1) 부분수업 활동

실습생으로서 실제 수업활동의 실천은 부분수업 활동 계획아리고 할 수있다. 아무리 좋은 수업활동을 설정하고 유아들의 특성을 잘 파악해도 실제 수업활동 장면에서 구체화되지 않으면 아무런 소용이 없다.

부분수업 활동은 수업의 유형과 형태, 시기에 따라 수업활동의 절차는 다를 수 있으나 기본적인 수업활동은 절차는 도입단계, 전개단계, 정리(마무리) 단계로 구분된다.

실습생은 성공적인 부분 수업활동이 이루어지기 위해서는 각 단계마다 무엇을 어떤 전략들이 필요한 지를 알고 세심한 계획이 필요한.

다음은 부분수업 활동의 단계별(도입→전개→마무리) 주요 사항들에 대해 살펴본다.

(1) 도입단계

도입단계는 활동이 시작되는 단계로 비교적 짧은 시간 안에 이루어진다. 활동 상황에 따라 약간의 차이는 있지만 대략 5분 전후가 적절하며 주요활동은 다음과 같다.

① 동기유발

학습동기 유발은 주어진 학습과제에 대한 유아의 관심과 흥미를 불러일으키는 것이다. 현실적으로 많은 활동들이 유아들의 학습동기 유발에 실패함으로써 활동목표 달성에 실패하게 된다. 따라서 교사는 도입단계에서 다양한 방법을 사용해서 유아의 관심과 흥미를 끌어야만 한다.

② 주의집중

주의집중이란 교사가 계획하여 주도하는 교육활동에 유아들이 집중하여 그 활동을 효과적으로 진행할 수 있도록 교사가 행하는 전략을 말한다. 주의집중은 주로 활동의 시작 단계에서 많이 사용하지만 활동이 진행되는 동안에도 유아들이 집중하지 않을 때는 언제든지 사용할 수 있다.

주의집중의 중요성: 교육의 효과는 학습자가 진행되는 교육활동에 집중하여 참여하는 태도와 습관을 가질 수 있도록 해야 한다.

■ **주의집중 전략 활용 시 주의점**

- 가능한 한 현재 진행되고 있는 생활주제, 혹은 활동과 관련이 되게 한다.
- 주의집중이 되면 활동을 바로 시작하도록 한다.
- 다양한 주의집중 전략을 사용한다.
- 교육적으로 적합한 방법을 사용한다.

③ 활동목표 제시

도입단계에서 교사와 유아 모두가 활동목표를 명확하게 인식하고 있어야 학습의 효과도 높일 수 있다. 따라서 유아들이 성취해야 할 학습목표를 구체적이고 분명하게 그리고 알기 쉽게 제시해 주어야 한다. 학습목표를 제시할 때는 구체적인 행동목표로 제시하며, 말로뿐만 아니라 구체적인 보기, 시범 또는 작품을 함께 제시하여야 효과적인 활동이 될 것이다.

④ 선수(이전 경험)활동과 관련짓기

본 활동과 관련이 있는 과거의 활동경험들을 회상시키거나 재생시켜 주는 활동이다. 어떤 과제의 활동이 용이하게 이루어지기 위해서는 현재 활동과제와 관련 있는 과거의 활동을 연결시켜 주어야 한다.

(2) 전개단계

전개단계는 활동의 중심활동으로, 실제 본시활동의 대부분이 이 단계에 해당된다. 전개단계에서는 학습과제의 내용을 유아들에게 제시하고 다양한 활동방법을 사용하여 활동목표 달성을 위한 교수 · 학습활동을 하게 된다. 전개단계에서의 주요 활동은 다음과 같다.

① 활동내용의 제시

학습내용을 제시할 때는 다음의 몇 가지를 고려해야 한다.

- 활동내용은 단순하고 쉬운 과제에서 복잡하고 어려운 과제로 나아가도록 해야 한다.
- 한 단위 시간에 지도해야 할 활동내용을 유아들의 발달수준과 특성, 활동의 조건과 활동 상황 등을 고려하여 적당한 크기로 묶어야 한다.
- 설정된 학습목표를 달성하는데 없어서는 안 될 주요 내용과 그 내용을 이해하는데 필요한 예들을 미리 선정해야 한다.

② 활동자료의 제시

학습자료란 학습목표를 달성하는데 도움이 되는 다양한 프로그램이나 매체를 말한다. 학습자료를 제시할 때는 학습내용의 특성에 따라 선정하되 학습자의 경험과 수준을 고려해야 한다.

③ 유아의 참여유도

전개단계에서는 많은 질문과 응답이 오가며, 실제 어떤 행동을 보여주기도 한다. 따라서 교사가 전 과정을 주도해서는 안 되며 유아의 적극적인 학습활동을 유도하는 것이 필수적이다. 유아들에게 적극적인 참여를 유도하는 방법으로는 다양한 표현기회의 제공, 적극적인 사고활동의 유도, 활동과제 활동의 제시 등 유아들이 적극적으로 참여할 수 있는 다양한 방법을 모색해야 한다.

④ 다양한 활동방법의 사용

주어진 활동목표를 달성하기 위해서는 다양한 활동방법이 필요하다. 활동방법은 활동목표, 활동상황, 활동자료의 특징, 유아들의 발달수준 및 흥미 등에 따라 다양해질 수 있다.

⑤ 시간과 자원의 관리

전개단계는 한 단위활동 시간의 약 60~70%를 차지한다. 따라서 경우에 따라서는 몇 개의 하위단계 또는 활동으로 구분하여 시간과 자원을 관리하는 것이 좋다.

(3) 정리단계

정리단계는 학습활동의 마무리 부분이다. 이 단계에서는 활동내용을 요약 정리하고 강화시키며 일반화할 수 있도록 해야 한다. 정리단계의 주요 활동은 다음과 같다.

① 학습활동에 대한 요약 · 정리

지금까지 활동한 주요 활동내용을 요약 · 정리하는 활동이다.

② 연습을 통한 강화

학습한 내용을 실제 상황이나 이와 유사한 상황에서 적용시킬 수 있는 기회를 제공하는 활동이다. 물론 어떤 학습과제에 있어서는 연습을 통한 강화활동을 전개단계의 끝 부분에서 실행할 수 있다. 중요한 개념이나 새로 배운 내용은 많은 연습을 통해 분명하게 숙지시켜야 한다.

③ 일반화

유아들이 학습한 내용을 주변의 생활 문제에 적용하고 해결해 보는 경험을 하는 활동이다.

④ 보충자료 제시 및 차시 예고

활동시간에 충분히 다루지 못한 내용이 있으면 추가로 제시하여 유아들의 학습욕구를 지속시키고, 다음 시간에 학습할 내용이나 주제를 이번 시간에 배운 내용과 관련지어 제시하는 활동이다.

(4) 전이활동

전이활동이란 하루의 일과가 진행되는 동한 한 가지 활동이 끝나고 다른 활동이 시작되기까지 이어지는 시간에 이루어지는 활동을 말한다.

전이활동의 중요성은 유아들이 하루의 일과가 진행되는 동안 자신들이 어떠한 활동을 하게 되는지에 대한 예측을 할 수 있을 때 안정감을 느낀다. 전이가 빠르고 효율적으로 이루어질수록 유아들이 아무것도 하지 않고 의미 없이 기다리는 시간이 줄어든다.

전이가 정확하게 이루어지면 유아들이 다음에 할 활동을 분명하게 인식하고 빨리 다음 활동에 몰입하기 때문에 학습에 투자하는 시간이 늘어나게 된다. 전이 과정에서 교사의 지시가 정확하게 이루어진다면 유아가 교사에게 의존하지 않고 스스로 다음 활동을 준비할 수 있는 자율성을 기르게 된다.

〈부분수업 활동의 예1〉

<table>
<tr><th>주제</th><td colspan="3">동물</td></tr>
<tr><th>활동명</th><td>어디에 숨을까?</td><th>활동유형</th><td>이야기나누기</td></tr>
<tr><th>활동목표</th><td colspan="3">• 자신의 몸을 보호하기 위해 보호색을 가진 동물에 대해 관심을 가진다.
• 동물을 숨길 수 있는 방법에 대해 자신의 생각을 말할 수 있다.</td></tr>
<tr><th>준비물</th><td colspan="3">숲속배경판, 동물그림(매미, 청개구리, 자벌레, 나뭇잎 대벌레, 나비), 조끼 2개
동물그림 카드</td></tr>
<tr><th>단계</th><th colspan="3">활동내용</th></tr>
<tr><th>도입</th><td colspan="3">• 어제 알아보았던 궁금한 동물들에 대해 이야기한다. [이전의 경험회상]
• 동물 친구들의 이야기를 들려준다[동기유발]

아람, 다람: 안녕 우리는 아람, 다람이야!
아름: 다람아! 매미가 오늘 우리를 숲 속으로 초대해 주었어. 우리 같이 숲 소게 가볼까?
다람: 그래 좋아!
아람, 다운: 랄랄라라~~
매미: 맴맴~
아람: 잠시만 어디서 무슨 소리가 들리는 것 같아!
다운: 어 여기에서 매미소리가 들리는 것 같아
〈중략〉
아람: 그런데 넌 왜 여기 나무에 숨어 있었어?
매미: 다른 동물 친구들도 내 몸을 보호해야 하니까~~
다람: 아 그렇구나, 너 정말 감쪽같이 몸을 잘 숨겼네
매미: 근데 다른 동물 친구들도 나처럼 몸을 보호해야 하는데 어떻게 해야 할지 모르겠어. 친구들 좀 도와줄래?
〈중략〉

– 아람이와 다람이가 친구들에게 무엇을 부탁했니?
– 지금부터 동물들이 자신을 보호하는 방법에 대해 알아보도록 하자.</td></tr>
<tr><th>전개</th><td colspan="3">• 도와주어야 하는 동물들의 종류에 대해서 이야기 나눈다.
– 아람이랑 다람이를 숲으로 초대했던 친구는 어떤 동물이었니?
– 매미는 왜 나무에 숨어 있을 것이라고 생각했을까?
– (자벌레 카드를 붙이며) 이 벌레의 이름은 무엇일까?
– 이 동물들은 사나운 동물로부터 보호하려면 어떻게 도와주면 좋을까?
• 숲속에 있는 동물들이 자신의 몸을 보호할 수 있는 방법에 대해 이야기나눈다.
– 먼저 나비를 어디에 놓아주면 자신의 몸을 보호할 수 있을까?</td></tr>
</table>

<table>
<tr>
<td></td>
<td>
– ○○이가 말한 꽃에 나비를 놓아주면 어떻게 될까? [예측하기]
– 나비를 꽃에 놓으면 나비가 잘 보이지 않을 것이라고 생각했는데 왜 그렇게 생각했니?[추론하기]
– 다음으로 나뭇잎 대벌레가 사는 곳은 어디일까?
– (그림자료를 보며) 나뭇잎 대벌레는 어떤 색이니?[관찰하기]
– 나뭇잎 대벌레를 어디에 옮겨 놓으면 자신의 몸을 보호할 수 잇을 것이라고 생각하니?
– 왜 그렇게 생각하니?[추론하기]
– 나뭇잎 대벌레가 나뭇잎에 있을 때랑 지금 놓아준 곳이랑 어디에 있을 때 더 몸을 잘 보호할 수 있을까?[비교하기]
– 나뭇잎 대벌레가 나뭇잎에 있으면 왜 자신의 몸을 보호할 수 있을 것라고 생각하니?[추론하기]
– 마지막 개구리는 어디에 사는 동물이니?
– 어디에 놓아주면 적으로부터 개구리가 자신의 몸을 잘 보호할 수 있을까?
– 이곳에 놓아주면 왜 안전할 것이라고 생각하니?
– 개구리가 숨기 전과 너희들이 개구리를 연꽃에 놓아주었을 때와는 어떤 점이 다르니?[비교하기]
• 아람이와 다람이에게 동물을 숨긴 것을 보여준다.

아람: 선생님과 함께 동물 친구들을 잘 도와주었니?
다람: 어떤 동물 친구들을 도와주었어?
아람: 아~~나비, 나뭇잎 대벌레, 개구리를 도와주었구나.
다람: 어? 나뭇잎 대벌레는 어디 있지?
아이들: 저기! 저기!
아람: 이 나뭇잎 대벌레는 왜 여기에 놓아 주었니?
다람: 정말 동물들이 자신의 몸을 보호할 수 있게 잘 되와주었네
아람: 역시! 친구들이 함께 해서 위험에 처한 동물 친구들을 잘 도와 준 것 같아서 너무 좋아
〈중략〉

• 유아들이 숲 배경에서 보호색을 가진 동물들처럼 몸을 보호해보는 활동을 제안하고 해본다.
– 이번에는 우리가 숨겨준 동물들처럼 너희들이 직접 동물이 되어 숨어보자.
– 나무에 숨어서 자신의 몸을 보호하려면 어떤 색의 옷을 입으면 좋을까?
– 매미가 되어 어디로 날아가면 적으로부터 자신의 몸을 잘 보호할 수 있을 것이라고 생각을 하니?
</td>
</tr>
<tr>
<td>**마무리**</td>
<td>
• 동물들이 자신의 몸을 보호할 수 있도록 도와주는 활동에 대해 평가한다.
– 오늘 활동을 하면서 새롭게 알게 된 점은 무엇이니?
– 우리가 동물을 도와준 이유는 무엇이었지?
</td>
</tr>
</table>

	– 오늘 알아보았던 동물 말고 또 위험할 때 스스로 자신의 몸을 보호하는 동물에는 어떤 동물들이 있을까? • '어디에 숨을까'활동과 관련된 '나를 숨겨요' 미술활동을 소개한다. – 친구들이 동그라미 안에 자신의 몸을 보호할 수 있는 색과 무늬를 사용해서 동물을 그려보는 활동을 할 수 있도록 미술영역에 놓아 둘 것을 안내한다. • 다음 활동을 대한 안내를 하고 이동한다. – 다음 활동은 게임활동으로 강당으로 이동할 것을 안내하고 화장실 다녀올 친구들을 먼저 이동하도록 안내한다.

〈부분수업 활동의 예2〉

주제	물		
활동명	음악분수	활동유형	신체표현
활동목표	• 우리주변에 볼수 있는 음악분수에 관심을 가진다. • 제시된 도구와 가구를 이용하여 분수의 움직임을 다양하게 표현할 수 있다.		
준비물	물 분수 동영상, 손전등, 응원수술		
단계	활동내용		
도입	• 주변에서 물을 볼 수 있는 곳을 찾아본다. – 우리주변에서 물을 볼수 있는 곳은 어디가 있을까? • 물 분수를 본 경험에 대하여 이야기 나눈다. – 물 분수를 본 적있니? – 어디서 보았니? • 음악 분수 동영상을 함께 감상한다. – 분수가 어떻게 움직이는지 관찰하도록 한다. • 음악 분수를 보고 난 느낌에 대해 이야기 나눈다. – 음악 분수 동영상을 보니 어떤 느낌이 드니? – 동영상 속에 음악 분수를 몸으로 표현해 보면 어떨까?		
전개	• 분수와 물의 특성에 대하여 이야기 나눈다. – 음악 분수는 무엇을 이용하여 표현한 것일까? – 물은 어떤 색일까? – 물이 아래에서 나와서 어떤 방향으로 움직였니? – 위로 올라온 물은 어디로 떨어지니? – 손으로 물의 움직임을 표현해보자.		

	• 동영상 속에서 보았던 음악 분수의 움직임과 음악에 대하여 이야기 나눈다. – 물 분수가 어떻게 움직이는 것 같니? – 작은 물주기는 어떻게 표현할 수 있을까? – 누가 나와서 작은 물줄기를 표현해보자. – 부채모양처럼 보이는 분수는 어떻게 표현할까? – (다양한 모양의 분수를 보여주며) 이 분수는 어떻게 표현하면 좋을지 누가 나와서 표현해 줄 수 있겠니? – 음악이 빨라지면/느려지면 어떻게 음직이면 좋을까? – 음악이 나오다가 안 나오면 어떻게 표현해 볼 수 있을까? – 음악이 큰 소리일 때 우리가 어떻게 움직여야 할까? • 음악분수를 잘 표현하기 위해 사용할 도구에 대해 알아본다. – 아름다운 음악 분수를 잘 표현하기 위해 어떤 도구가 필요할까? – 불빛이 반짝거리는 것처럼 반짝이는 도구에는 무엇이 있을까? – (응원 수술, 손전등을 제시하며) 여기는 있는 도구를 이용하여 음 악 분수를 어떻게 표현할 수 있을까? • 음악 분수를 표현하기 위해서 필요한 역할을 정한다. – 음악 분수를 표현할 때 누가 손전등과 응원수술로 표현할까? – 손전등/응원 수술을 사용하는 친구는 어디에서 표현할까? – 손전등을 사용하는 친구는 응원 수술로 표현하는 친구가 음악 분수를 잘 표현할 수 있도록 무엇을 도와줄까? • 음악 분수를 표현할 때 필요한 약속에 대해 알아본다. – 친구와 함께 음악 분수를 표현할 때 어떤 약속을 지켜야 할까? – 어떤 소리에 귀 기울여야 할까? – 누구의 이야기를 들어야 할까? – 친구와 움직이면서 음악 분수를 표현할 때 어떤 약속을 지켜야 할까? • (배경음악을 틀려주고) 음악에 맞추어 음악 분수의 움직임과 변화를 신체를 표현한다. 아주 작은 물줄기가 잔잔하게 흐르고 있어요. 그때 갑자기 물주기가 '슝' 하고 빠르게 높이 올라갔어요. 높이 올라간 물줄기는 좌우로 막 움직이기 시작했어요. 〈중략〉 그러다가 물줄기는 사방으로 흩어져 다시 잔잔한 물줄기가 되었어요
마무리	• 신체표현을 회상하며 이야기 나눈다. – 음악 분수는 어떤 모양들을 나타내었니? – 음악 분수를 몸으로 표현해 보니 어땠니? – 노래가 빨라질 때 어떻게 움직여 보았니? – 노래 소리가 작아질 때 몸을 어떻게 움직여 보았니? – 친구들의 표현 중에 재미있었던 것은 무엇이었니?

	– 음악 분수처럼 표현하는데 힘들었던 점은 없었니? • 신체표현을 사용했던 도구를 정리한다. – 사용했던 손정등과 응원 수술은 어디에 놓아둘까? • 다음 활동에 대해 안내한다. – 오늘 물 분수를 신체로 표현해 보았는데 미술영역에서 페트병으로 물 분수놀이에 필요한 도구를 만드는 방법에는 어떤 것이 있는지 알아보고 자유롭게 이동한다.

2) 수업목표 진술

수업을 통하여 유아에게 무엇을 배우게 할 것인가, 즉 수업 의도에 대한 진술로 수업목표는 유아가 학습활동을 통하여 성취되기를 기대하는 행동의 변화를 의미한다.

수업목표의 진술은 그론런드(Gronlund)와 메거(Mager) 그리고 아이스너(Eisner)의 방법이 널리 알려져 있는데 수업안 작성에 참고가 될 진술법을 알아보기로 한다.

① 그론런드(Gronlund)의 수업목표 진술

수업목표를 일반 수업목표와 구체적인 수업목표로 구분하여 수업목표를 기대하는 학습성과로서dml 일반적 수업목표를 먼저 진술한 다음, 이 목표의 행동적 증거가 될 수 있는 명세적인 행동의 표본을 진술하는 방식이다.

■ 목표 진술의 예

일반 수업목표	집에서 기르는 동물에 대하여 안다.
명세적 수업목표	• 집에서 기르는 동물들의 이름을 말한다. • 집에서 기르는 동물들의 생김새를 구별한다. • 집에서 기르는 동물들이 좋아하는 먹이가 무엇인지 안다. • 집에서 기르는 동물들은 우리에게 어떤 도움을 주는지 안다.

② 메거(Mager)의 수업목표 진술

목표 진술의 핵심은 학습자가 학업성취 행동을 보일 때 어떤 행동을 보일 것인지 그리고 교사가 그것을 어떻게 알 수 있는지를 반드시 진술해야 한다고 보는 입장이다. 그래서 향동목표는 유아가 한 주제 또는 한 활동을 하고 난후 나타낼 수 있는 관찰 가능한 행동을 서술한다. 즉 유아가 무엇을 어떤 상황에서 어떻게 어느 정도 성취할 수 있는가를 명시해 주는 유아의 학습결과에 대한 진술이다.

■ 목표진술의 예

행동적 목표: 조건(condition) + 성취준거(criteria) + 성취수준(terminal behavior)

예)	1부터 9까지의 숫자들을	순서대로	배열 할 수 있다.
	조건	성취기준	성취수준

③ 아이스너(Eisner)의 수업목표 진술

학습활동의 결과 얻어진 특수한 행동에 대해 진술하지 않고 학습자의 개별적 성향과 다양성의 존중에 초점을 두어 학습자가 학습상황에서 경험하게 될 교육적 만남을 중요시하는 표현적 목표 진술 방식이다. 표현적 목표 진술은 유아의 특성을 보다 잘 반영한 진술 방식으로 유아교육기관에서 널리 활용되고 있는 방법이다.

■ 목표진술의 예

표현적 목표: 상황(situation) + 문제(problem) + 과제(task)

예) 콩쥐와 팥쥐 이야기를 듣고 콩쥐에 대해 느낀 것을 이야기 나눈다.
상황 문제 과제

④ 수업목표 진술시 고려 사항

- 수업목표는 유아의 행동이나 성취에 관하여 진술해야 하며, 교사의 성취나 지도 내용을 기술하지 않는다.

  예) 그림을 보고 농장 동물을 찾게 한다(×)
  그림을 보고 농장 동물을 찾는다(○)
  여러 가지 과일을 큰 것과 작은 것으로 구분하게 한다(×)
  여러 가지 과일을 큰 것과 작은 것으로 구분한다(○)

- 수업목표는 추상적으로 제시되 교육과정의 영역별 활동 내용을 기술하지 않고 구체적인 수업(활동) 내용과 관련된 내용 및 행동을 기술한다.

  예) 물체와 물질을 탐색한다.
  바람의 세기에 따라 종이가 날아가는 거리가 다름을 안다(○)
  주변지역에 관심을 갖는다(×)
  우리동네에는 어떤 기관이 있는지 안다(○)

- 목표 진술은 과정적 행동 동사의 진술을 피하고 학습결과의 성취 측면에 초점을 두어 진술한다.

  예) 가족 구성원의 그림을 그려본다(×)
  가족 구성원의 그림을 그린다(○)
  동물과 동물이 아닌 그림을 구분해 본다(×)
  동물과 동물이 아닌 그림을 구분한다(○)

- 수업목표는 일정한 학습과정이 끝났을 때 유아들의 행동이 어떻게 변화되어야 하느냐에 중점을 두고 서술한다. 따라서 지적 기능학습이나 운동기능학습의 경우에는 그 성과가 어떠한가에 초점을 두고 진술 하도록 하고, 태도와 관련되는 학습에는 과정적 측면에 초점을 둔 수업 목표를 진

술할 수 있다.

예) 여러 가지 물건을 관찰하여 그 모양을 구분한다(지식)

스스로 양말을 신고 벗을 수 있다(기능)

사람은 서로 다르다는 것을 알고 존중하는 마음을 갖는다(태도)

예) 가족 구성원의 특징에 대해 안다.

가족과 가족이 아닌 사람의 차이를 안다(지식)

가족 구성원이 하는 일을 따라 할 수 있다(기능)

가족 구성원끼리 서로 사랑하는 마음을 갖는다(태도)

- 수업목표는 학업성취의 정도를 평가할 수 있는 기준을 가능한 제시한다. 그러나 그 기준의 제시는 유아의 발달 수준을 고려하여 적절하게 제시한다.

예) 여러 동물 그림을 보고(조건) 집에서 기르는 동물 다섯 가지를(기준) 찾아 낼 수 있다(성취수준).

예) 그림판에서(조건) 1과 2를(기준) 구분할 수(성취) 있다.

- 수업목표의 진술방법에서 중요한 것은 교사가 수업에서 유아들이 성취해야 할 목표를 구체적이고 명확하게 진술함으로써 목표에 따른 수업활동의 방향과 내용 및 유아의 수업결과로서 나타나는 유아들의 성취행동을 보다 명료하게 확인할 수 있게 하는 것이다. 따라서 어느 한쪽에만 치우친 즉, 행동적 목표 진술을 무시하고 추상적이고 일반적인 목표 진술에만 초점을 두느냐 아니면 결과적인 측면에 초점을 두느냐 또는 이해, 기능, 태도 등 어떤 측면에 초점을 두느냐에 따라 진술 방법이 달라질 수 밖에 없음을 염두해둔다.

3) 수업 발문기술

실습생과 유아 간 또는 유아 상호간의 문답을 통해서 유아들은 스스로 사고활동을 촉진하여 탐구하는 능력을 키우게 되고, 학습하는 방법을 배우게 된다는 점에서 발문법은 수업에 있어서, 실습생의 핵심적인 수업기술로서 수업의 질을 결정하는 핵심적인 요소이다. 따라서 수업을 성공적으로 안내하고 실천할 수 있는 가장 중요한 수업의 실천기술이라 할 수 있다. ㅇ 수업활동에서 교사가 유아들에게 발문을 하는 이유를 Carin(1970)은 다음과 같이 7가지로 제시하고 있다(정용부, 오성숙, 2007)

- 흥미를 고조시키고 유아가 활동에 적극적으로 참여하도록 동기를 유발하기 위하여
- 유아의 준비도를 평가해 보고 숙제나 예습을 다했는지 알아보기 위하여
- 가르친 것을 복습하고 요약하기 위하여
- 새로운 관계를 알아 볼 수 있는 통찰력을 길러주기 위하여
- 비판적 사고를 자극하고 발문하는 태도를 발달시키기 위하여
- 유아 스스로 지식을 더 찾도록 자극을 주기 위하여
- 활동의 목적을 달성했는지 평가를 해 보기 위하여

① 발문의 유형

- **핵심발문:** 활동에서 지향하는 활동목표-활동내용에 따라 유아들의 사고경험에 단서를 주고 그들의 사고활동을 인도하는 활동목표와 직결되는 활동의 중심적인 질문이다.
- **과정처리발문:** 핵심발문 이전에 교사의 핵심발문에로 유아를 안내하기 위한 발문 또는 핵심발문에 대한 유아의 반응을 보완하고 개선하는 질문(초점화, 명료화, 부추기기, 정교화, 입증, 지지 등)

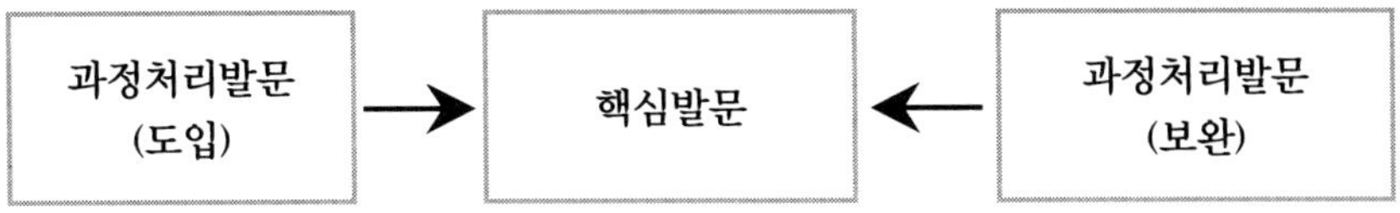

② 발문 및 유아의 반응을 처리 시 고려사항

- 수용적인 분위기를 조성한다.
- 폐쇄적 질문을 피하고 개방적 질문을 한다.
- 구체적이고 분명한 질문을 하기 위해서는 때론 정답을 유도하는 방향이나 단서를 제시한다.
- 질문내용이 질문에서 의도하는 바를 유도해 낼 수 있는 것인가를 질문하기 전에 생각한다.
- 질문을 하고 생각할 수 있도록 기다려준다.
- 이중질문을 삼가한다.
- 다른 유아의 말(대답)을 열심히 듣고 존중하도록 격려한다.
- “선질문, 후지명”을 하여 모든 유아가 생각할 수 있는 기회를 주는 것이 좋다.
- 하나의 정답이 있는 질문보다 다양한 반응이 있는 질문을 많이 한다.
- 직접적인 질문보다 간접적인 질문을 사용한다.

Chapter

09

실습의 평가

Chapter 09

실습의 평가

1. 실습평가의 의미와 주안점

실습평가는 실습의 전 과정을 객관적이고 과학적으로 점검하고 판단하는 과정이다. 평가과정을 통해 학교와 교육실습을 받는 기관에서는 효과적인 실습 수행을 할 수 있도록 보다 나은 방향으로의 탐색을 할 수 있도록 해준다. 또한 실습생이게는 예비유아교사로서의 교직ㅈ적 적성을 확인하고, 유아교사로서의 실천적인 지식의 이해와 발달을 높이기 위한 반성적 기회를 제공하게 된다.

실습평가의 주안점은

- 실습생에게 실습의 목표달성을 확인시켜 준다
- 실습생의 역할 수행 정도를 인식하게 한다.
- 실습생에게 교사로서의 자신의 장단점을 파악하여 교사로서의 적성을 확인하는데 도움을 준다.
- 실습생의 발달을 도모하며, 자신을 반성해 볼 수 있는 기회를 제공한다.
- 교사양성기관에서 자격증 부여의 조건인 실습과목 이수 인정을 위한 과정이다.

실습평가는 실습기관에서의 평가, 실습생 자기 평가 대학에서의 평가회로 나누어 볼 수 있다.

2. 실습기관에서의 평가

기관에서 실습생에 대한 평가는 일반적으로 교육과학기술부에서 제시한 교육실습 평가기준표에 의해서 이루어진다. 다음은 교육과학기술부(2010)에서 제시한 평가기준표의 내용이다.

근무태도 (10%)	일반자질 (15%)	교육활동 (50%)	연구조사 활동 (15%)	학급경영 및 사무처리 (10%)	총평 (100)	비 교

유아교육기관에서는 일반적으로 위의 자료에 의해서 실습을 평가한다. 최근 보육진흥원에서는 각 평가영역에 따른 평가내용을 제시하고(한국보육진흥원, 2010) 있으며 이러한 내용은 유아교육기관에서 실습생에게 이루어지는 평가의 각 영역이 어떠한 내용으로 구성되어 있는지- 를 제시해 주고 있다. 평가 영역별 구체적인 평가내용은 다음과 같다.

평가영역	평가내용
근무태도	근무사항(출석, 결석, 지각, 조퇴 등), 성실성(근면성)
일반자질	직무에 대한 책임감과 열의, 용모, 영유아에 대한 언행과 태도, 인성 유아교육에 대한 신념 등
보육활동 지도능력	교육활동 계획 및 준비, 활동계획안 작성, 교육활동 기술, 교재 · 교구 제작 및 활용기술, 교재 · 교구 연구 등
연구조사활동	연구태도 및 자세, 연구능력, 자료수집 및 분석, 유아 관찰태도, 실습일지 작성, 유아교육이론의 적용
학급경영 및 사무처리 능력	환경구성능력, 영유아의 관리 및 지도력, 시설 및 학급 사무처리능력(신속성, 정확성), 생활지도 등

다음은 실습생들이 평가영역에 따른 유의해야 할 사항이나 행동이 무엇이 있는지를 제시해본다.

1) 근무태도(10%)

- 실습생 출근부: 하루도 결근 없이 근무함을 원칙으로 한다.
- 정규 출근시간은 아침 8:30 ~ 18:00까지이며 원의 사정에 따라 조정할 수 있다.

2) 학습지도능력(50%)

- 교육활동 관련 교육과정(누리과정)에 대해 잘 이해하고 있는가?
- 교육활동에 대한 계획과 준비상황을 알고 실천하고 있는가?
- 유아들이 자기 주도적인 놀이를 할 수 있도록 관찰하고 지원할 수 있는가?
- 유아들과의 수업활동에서의 상호작용이 적절하고 질적으로 우수한가?
- 유아들과의 수업운영의 참여를 높이고 융통성 있게 이루이지고 있는가?
- 유아들의 활동에 대한 관찰이나 평가가 적절한가?
- 유아의 기본생활습관을 위한 적절한 지도가 이루어지고 있는가?
- 유아들을 지도함에 자신감이 있고 연구하고 노력하는 태도를 보이고 있는가?

3) 연구조사활동(15%)

- 새로운 수업방식을 도입하였는가?
- 전공서적을 탐독한 흔적이 보이는가?
- 수업 전에 담임교사와 사전 협의가 이루어지는가?
- 자신만의 창의적인 생각이 있는가?
- 학계의 동향을 수업에 반영시켰는가?
- 일지는 제대로 기록되어져 있는가?
- 일지는 밀리지 않고 제 때 제출하였는가?

4) 학급경영 및 사무처리능력(10%)

- 수업계획표가 양식에 맞고 진술이 정확한가?
- 컴퓨터 사용능력이 기본 이상인가? (예 사진 첨부 및 표작업)
- 수업계획표를 하루 전날 제출하는가?
- 환경구성능력이 있는가?
- 유아들끼리의 문제상황에서 적절하게 지도하는가?
- 유아들이 너무 들떠서 돌발사태가 일어날 수 있을 때 유아들을 진정시킬 수 있는가?
- 유아가 다쳤을 때 침착하게 대응하는가?
- 맡은 일은 끝까지 완수하는가?

5) 일반자질(15%)

- 교사의 품위에 맞는 복장을 갖추었는가?
- 교사의 품위에 맞는 언어를 사용하는가?
- 표정은 늘 밝고 온화한가?
- 자신이 맡은 유아를 골고루 사랑하는가?
- 유아의 요구를 인내심을 갖고 들어 주는가?
- 유아를 향해 칭찬할 준비가 되어 있는가?
- 목소리의 크기는 적절한가?
- 억양은 날카롭지 않은가?
- 동료교사와 협조하며 조화를 이루는가?
- 원내 조직의 질서에 능동적으로 협조하는가?
- 희망적인 관점에서 유아를 보는가?
- 항상 연구하고 발전하려는 의지가 있는가?
- 창의력이 풍부한가?

〈실습기관 평가결과 예시〉

학교현장실습 결과보고서

1. 학교현장실습 기관명:
2. 학교현장실습 기 간: 년 월 일 ~ 년 월 일
3. 지도교사

직명	성명	담당내용	비고

4. 학교현장실습 내용

제1주	제2주	제3주	제4주

5. 학교현장실습 결과 평가

실습생 성 명	근무 태도 (10%)	자질 (15%)	학습지도 능력 (50%)	연구조사 활동 (15%)	학급경영 및 사무처리능력 (10%)	총 평 (100%)	비 고

위 사실을 증명함.

년 월 일

원장 (직인)

3. 실습생의 자기평가

실습생의 자기평가는 실습의 전 과정이 끝내고 실습생으로서의 자신을 평가하는 과정을 의미한다. 실습생의 자기평가는 학생으로 하여금 학교에서 지금까지 배운 과목들이 유아교육이론과 실제를 교육현장에서 어떻게 사용되는지에 대한 의미를 발견할 수 있게 하며, 학생 스스로 교사가 되기에 부족한 부분은 무엇이고 앞으로 좋은 교사가 되기 이해 보충해야 되는 부분이 무엇인지를 알 수 있게 해준다.

실습생의 자기평가 과정은 실습과정 중, 실습종료 후 실습에 대한 자기 평가를 할 수 있다. 실습기간 중 자기평가는 매일 작성하는 실습일지를 통해 하루 일과 중 실습생으로서의 자신의 역할과 교육활동에 대한 느낀 점, 외운 점 등 반성적 평가를 해 볼 수 있으며, 실습 후 자기 평가는 평가척도, 실습소감문 작성, 저널 쓰기 등의 방법을 통해 4주간의 실습을 되돌아보며 평가할 수 있다.

다음은 실습생의 자기평가척도의 예시를 제시한다.

〈실습생의 자기평가표 예시1〉

실습생 자기평가표

실습생이름(학번):

평가 요령	1-아주 못함. 2-못함. 3-보통. 4-잘함. 5-아주 잘함.					
평가 영역	평가항목	척도				
		1	2	3	4	5
근무태도	근무시간을 잘 지켰는가?					
	교육실습일지, 활동계획안 등을 기간 내에 제출하였는가?					
교육자로서의 일반자질	교사에 대한 긍정적인 신념을 가지고 있었는가?					
	유아에 대해 민감하고 존중하는 태도를 지녔는가?					
	용모, 복장이 단정하고 언행이 바람직했는가?					
교육활동 지도능력	지도 내용에 대해 이해를 잘 하고 있었는가?					
	준비성이 있었고 계획을 잘 하였는가?					
	유아 중심적이고 자율적 분위기에서 활동을 진행하였는가?					
	유아가 스스로 탐색하고 호기심을 발휘하도록 동기유발을 적절히 하였는가?					
	유아의 기본생활습관이 향상되도록 적절한 상황에서 이들의 수준에 맞는 지도를 하였는가?					
	활동자료 제시가 적절하고 융통성이 있었나?					
	유아와 상호작용은 질적으로 우수하고 효과적이었는가?					
	교육실에서의 행동이나 활동 진행, 놀이 참여가 적극적이고 융통적이었는가?					
	유아를 지도함에 있어 자신 있게 임하였는가?					
	유아의 활동에 대한 관찰이나 평가가 적절하였는가?					
연구조사 활동	유아관찰 및 이해와 활동계획에 대한 연구를 충실히 하였는가?					
	교사의 역할과 직무에 대한 제반사항을 스스로 알려고 노력하였는가?					
	알고 있는 이론을 적절히 현장에 적용한 후, 이를 다시 이론적으로 검토하고자 애를 썼는가?					
학습경영 및 사무처리 능력	교실을 합리적으로 운영하고자 하는 노력을 다하였는가?					
	실습지도교사의 제반 지시 및 사무처리 사항을 기간 내에 성실히 수행하였는가?					
전체 평가						

출처: 한국보육진흥원(2019). 표준보육실습 지도지침.

〈실습생의 자기평가표 예시2〉

실습생 자기평가표

실습생이름(학번):

못함　　잘함

번호	평가항목	척도				
		1	2	3	4	5
1	교육목표를 달성할 수 있는 교육내용을 유아의 흥미, 수준에 근거하여 적합하게 선정하였는가?					
2	유아의 흥미와 능력, 사전경험을 잘 관찰하여 유아 지도계획에 활용하였는가?					
3	교육활동계획안이 적절하게 계획, 준비되어 실행에 무리가 없었는가?					
4	교육활동계획에 따라 자료를 충실히 준비하였는가?					
5	유아의 행동을 민감하게 파악하며 상호작용에 최선을 다했는가?					
6	다양한 흥미 영역에 고루 참여하여 유아의 놀이가 지속되고, 확장되도록 놀이를 촉진하였는가?					
7	유아의 기본생활습관이 형성되도록 동기를 잘 유발하였는가?					
8	집단활동 시 보육교사로서 다양한 교수법을 활용하여 효과적으로 집단을 이끌었는가?					
9	유아의 부정적 정서나 갈등적 상황을 잘 파악하여 긍정적을 수용하고 적절하게 해결되도록 지도하였는가?					
10	유아의 개별적 특성, 개인차를 고려하여 적절한 지도를 하였는가?					
11	유아를 존중하는 언어를 사용하고, 영유아가 잘 알아들을 수 있도록 발음, 음성의 고저, 빠르기 등에 노력을 기울였는가?					
12	교육실습일지, 활동계획, 관찰, 평가 등을 성실히 기록하였는가?					
13	유아의 안전, 위생에 각별히 신경을 썼는가?					
14	유아의 활동참여, 놀이 참여유형, 또래 간의 관계 등을 관찰하여 그 결과를 지도에 활용하였는가?					
15	교실의 통풍, 채광, 정리정돈 등 청결한 환경 구성을 하였는가?					
16	교육실습 기관의 지도 방침에 적극 협력하였는가?					
17	교육실습 지도교사와의 관계를 원만히 유지하며 성실히 임했는가?					
18	유아의 수준과 흥미에 적합한 활동을 계획하고 지도하고자 다양한 관련 문헌이나 자료를 찾아보고 연구하고자 노력하였는가?					
19	교육실습 동료들과 잘 협력하였는가?					
20	유아들과 친밀해지고 신뢰 받게 되었는가?					
합　계						

4. 실습 평가회

평가회는 실습이 끝난 후 원장선생님, 담임교사, 실습생이 하는 평가 과정을 의미하기도 하고 실습생과 실습생을 보낸 학교의 교수진, 앞으로 실습을 나갈 후배들이 실습에 대해 같이 되돌아보며 평가하는 과정을 의미하기도 한다.

여기서는 실습이 끝난 후 교사양성기관에서는 실습기관의 원장선생님, 실습지도교사, 실습생이 함께 평가회를 실시하는 것이 좋다. 이러한 평가회는 실습생과 실습생을 보낸 학교의 교수진등과 학교에서 이루어지는 평가회로 실습의 의미를 되돌아보고, 실습을 통해 배운 것들, 감격했던 부분들, 어려웠던 부분 등을 돌아보며 이러한 부분을 교수와 후배들과 나눌 수 있다. 교수는 실습순회 지도시 실습 실태와 요구파악등 과 학생 입장에서는 실습 전과정에서의 다양한 이야기를 파악할 수 있는 기회가 된다. 또한 앞으로 실습을 나갈 후배들은 실습에 대한 사전 지식을 갖게 하고, 미리 준비할 수 있는 기회가 된다. 그러나 자칫 평가회가 실습지에 대한 좋지 않은 점들을 부각하여 비판하는 방향으로 진행되어서는 안 되며, 실습지 각각의 장 · 단점, 졸업하기 전에 학교 교육에서 보충되어져야 할 부분들, 실습생이 미리 준비 되어야 할 부분들을 논의하는 중요한 기회가 되어야 할 것이다.

5. 대학에서의 평가

현장실습 관련하여 대학에서의 평가는 학교현장실습교과목 담당 교수의 의해 이루어는데 현장실습 담당교수는 실습생의 실습결과에 대한 최종적인 평가를 한다. 실습기관에서 평가한 실습결과보고서와 실습 순회지도를 통해 파악한 실습기관의 상황과 실습생에 대한 관찰기록, 실습생이 제출한 실습일지, 수업계획안, 교구제작계획서 등과 같은 각종 자료과 과제 수행자료를 근거로 객관적인 평가를 하게 된다.

Chapter

10

실습일지

교육실습 일지

결재	실습생	지도교사	원감	원장

<table>
<tr><td rowspan="5">실습유치원</td><td>유치원명</td><td colspan="3"></td></tr>
<tr><td>주　　소</td><td colspan="3"></td></tr>
<tr><td>전　　화</td><td colspan="3"></td></tr>
<tr><td>지도교사</td><td colspan="3"></td></tr>
<tr><td>실습기간</td><td colspan="3"></td></tr>
<tr><td rowspan="2">실습생</td><td>학　　교</td><td colspan="3"></td></tr>
<tr><td>이　　름</td><td></td><td>학 번</td><td></td></tr>
</table>

실습일지 작성 시 유의사항

1. 원의 일과표에 따라서 실습의 제반 사항을 빠짐없이 기록한다. 가급적 제시된 양식을 활용하되 불가피한 경우는 개조하여 기록할 수도 있다.
2. 실습일지는 매일 제출하여 지도교사 및 원장의 확인(결재)을 받아야 한다.
3. 실습이 끝나면 일지는 지도교사를 통해서 원장의 허락을 받고 실습 지도교수에게 제출하여야 한다(제출일 엄수).
4. 실습일지와 실습 성적표를 제출하지 않을 때는 실습을 하지 않은 것으로 간주함으로 교육실습 학점을 취득할 수 없다.
5. 기타 실습유치원의 현황 등도 빠짐없이 기록한다.
6. 모든 기록은 정성을 들여 정자로 맞춤법에 맞추어 깨끗하게 기록한다.
7. 지도교사의 지도하에 매일 기록하고 일과 종료 전에 지도교사 및 원장(원감)의 확인을 받는다.
8. 실습기록을 통하여 실습생의 성실성, 능력, 품위가 나타날 수 있음을 명심하고 성의껏 기록하고 청결하게 보관, 관리한다.
9. 양식에 따라 기록하되 첨가 내용이 많을 때는 첨지를 붙여서 기록한다.

교육실습생으로서의 유의사항

1. 매일의 실습생활은 실습유치원의 규정에 따른다.
2. 교육실습생의 복장, 언행 그리고 태도 등 교사로서의 품행을 지니도록 한다.
3. 교육실습생은 결근, 지각, 조퇴를 엄금하며 소정시간 출근과 동시에 교생 출근부에 날인한다(원장, 지도교사보다 먼저 출근할 것).

4. 부득이 결근, 조퇴를 할 때는 사전에 실습유치원의 허락을 받는다.
5. 근무시간 중에는 외출을 금하며 점심은 도시락을 지참한다.
6. 원외에서 원아 또는 보호자와 사사로이 원아에게 처벌은 물론 시상도 하지 않는다.
7. 교육실습생은 실습유치원의 허락 없이 원아에게 처벌은 물론 시상도 하지 않는다.
8. 교육실습 때문에 실습유치원 및 원아의 정상적인 교육활동에 장애되는 일이 없도록 한다.
9. 교육실습일지는 그날 그날 기록하여 퇴근 시에 지도교사에게 제출하고 다음 날 출근하여 되돌려 받는다.
10. 교육실습생은 실습유치원의 교육목적과 교육방침을 깊이 이해하고, 이를 달성하기 위하여 적극적으로 협력하고 참여한다.
11. 교육실습생의 수업참관은 반드시 담당교사의 양해를 얻은 후 하도록 한다.
12. 실습유치원의 기밀 및 원아의 개인적인 비밀을 누설하지 않는다.
13. 교육실습의 의의와 목적, 그리고 교육실습생의 위치 등을 명심한다.
14. 매일 매일의 자기평가를 통하여 교사로서 부족한 점을 보완하고 인성함양에 정진한다.
15. 실습이 끝나면 교육실습일지는 지체 없이 대학에 제출한다.
16. 자기의 모든 능력과 성실한 모습을 교육실습에서 경주한다.

교육실습생 출근부

지도교사	원감	원장

성　　명:

교육기관:

요일 / 주	월	화	수	목	금	토
제 1 주	월　일	월　일	월　일	월　일	월　일	월　일
제 2 주	월　일	월　일	월　일	월　일	월　일	월　일
제 3 주	월　일	월　일	월　일	월　일	월　일	월　일
제 4 주	월　일	월　일	월　일	월　일	월　일	월　일
	결근일:　　일		조퇴:　　일		지각:　　일	

※ 각 날짜 란에 날인하고, 결근의 경우는'결', 조퇴는'조', 지각은 '지'로 기입

교육실습 유치원의 현황

유치원명	
원 훈	
중점 교육프로그램	
연 혁	

교 직 원 현 황	직 위	성 명	직 위	성 명

학 급 수 및 원아현황	반명(연령)	담임교사	남아수	여아수	계	비고

시설 현황	구분	원장실	교무실	교실	유아 화장실	자료실	유희실 (강당)	시청 각실	조리실	기타 ( )
	개수									

유치원 배치도

교실 배치도

교육실습 일정표

구분 주	월 일	요일	유치원(학급) 행 사	교육실습계획	기타 사항
제 1주	/	월			
	/	화			
	/	수			
	/	목			
	/	금			
	/	토			
제 2주	/	월			
	/	화			
	/	수			
	/	목			
	/	금			
	/	토			
제 3주	/	월			
	/	화			
	/	수			
	/	목			
	/	금			
	/	토			
제 4주	/	월			
	/	화			
	/	수			
	/	목			
	/	금			
	/	토			

연간교육 활동안(1학기)

※ 실습기관 해당 자료를 복사하여 부착

연간교육 활동안(2학기)

※ 실습유치원 해당 자료를 복사하여 부착

주간교육 활동안(1주)

※ 실습유치원 해당 자료를 복사하여 부착

주간교육 활동안(2주)

※ 실습유치원 해당 자료를 복사하여 부착

주간교육 활동안(3주)

※ 실습유치원 해당 자료를 복사하여 부착

주간교육 활동안(4주)

※ 실습유치원 해당 자료를 복사하여 부착

교육실습일지

년 월 일 (요일)

실습교사	지도교사	원감	원장

주 제		
목 표		
활동(시간)	계획 및 실(천)행 / 관찰 내용	실습생 자기성찰

활동(시간)	계획 및 실(천)행 / 관찰 내용	실습생 자기성찰

<table>
<tr><th>활동(시간)</th><th>계획 및 실(천)행 / 관찰 내용</th><th>실습생 자기성찰</th></tr>
<tr><td></td><td></td><td></td></tr>
<tr><td>협의(안내)
사 항</td><td colspan="2"></td></tr>
<tr><td>지도교사
조 언</td><td colspan="2"></td></tr>
</table>

부분수업안

지도교사	원감	원장

<table>
<tr><td>생활(주제)</td><td colspan="2"></td><td>활동명</td><td></td></tr>
<tr><td>목 표</td><td colspan="4"></td></tr>
<tr><td>활동단계
(시간)</td><td colspan="2">활동내용</td><td>누리과정
연계</td><td>자료 및 유의점</td></tr>
<tr><td></td><td colspan="2"></td><td></td><td></td></tr>
</table>

활동단계 (시간)	활동내용	누리과정 연계	자료 및 유의점 (피드백)

활동단계 (시간)	활동 내용	누리과정 연계	자료 및 유의점
피드백 사 항			
실 습 생 자기평가			
지도교사 평 가			

유아관찰 기록

관찰유아		생년월일	
관찰일시		관찰시간	
관찰장면		관 찰 자	
일화기록			
해 석			
지도내용			

교육실습 저널쓰기

성명:

학번:

영 역	내 용
실습태도	
인간관계	
교수능력	
유아지도	
학급운영	

교육실습기관의 바라는 사항

성명:

학번:

참고문헌

강민정, 김민희, 배소연(2022). **영유아 교수-학습 방법**. 경기: 공동체.

강혜원, 김성원, 석은조, 오성숙, 최효정(2012). **유아생활지도 및 상담**. 서울: 양서원.

권연정(2023). 유치원 학교현장실습의 개선 방안 탐색. **교육실습연구 5**(1), 1-13.

교육부(2020). **교사를 위한 놀이지원 연수자료**. 세종: 교육부.

교육부, 보건복지부(2019). **2019개정누리과정 해설서**. 세종: 교육부, 보건복지부.

교육부, 보건복지부(2019). **2019개정누리과정 놀이실행자료**. 세종: 교육부, 보건복지부.

교육부, 보건복지부(2019). **2019개정누리과정 놀이이해자료**. 세종: 교육부, 보건복지부.

교육부(2022). **22학년도 교원자격검정 실무편람**. 세종: 교육부.

류진희(2000). **유아교사를 위한 교육실습과 교육활동**. 경기: 양서원.

신혜영, 류민임, 오성숙(2020). **유아교육개론**. 서울: 정민사.

김신영(2005). 교육실습 전 · 후 그리고 초임교사로서의 어려움에 대한 인식변화. **유아교육연구, 25**(4), 211-234.

김이영, 오성숙, 이시진, 이우언, 김정은, 한현지, 홍성희(2023). **영유아발달**. 서울: 양성원.

김유정, 유은석, 하정희(2011). **영 · 유아교육기관의 실습지도**. 서울: 공동체.

김철민(2021). 코로나 19 상황 중 교육실습에 참여한 예비체육교사의 경험과 의미. **한국스포츠교육학회지, 28**(2), 49-72.

김희진, 박은혜, 이지연(2000). **유아교육기관에서의 관찰**. 서울: 창지사.

박은혜(2005). **유아교사론**. 서울: 창지사.

박은혜, 조운주(2020). **반성적 실천을 위한 유아교육실습**. 서울: 창지사.

서울특별시(2022). **초등 교육실습 협력학교 운영 길라잡이**. 서울: 서울특별시 초등교육과.

석은조, 오성숙(2017). **예비유아교사를 위한 학교현장실습**. 경기: 양성원.

석은조, 정금자(2006). 저널쓰기를 통한 예비유아교사의 자기조절학습 및 자기효능감에 대한 연구. **유아교육연구, 26**(4), 215-238.

안경자, 정선경, 박영신, 손윤희, 김진희(2013). **교사-영유아 상호작용 현장이야기**. 서울: 공동체.

오성숙, 석은조(2020). **유아 사회성발달 지도**. 경기: 양서원.

윤수정(2016). 학습공동체 기반 초등영어과 교육살습 프로그램을 통한 예비교사와 실습지도교사의 전문성 발달 사례연구. 박사학위논문. 이화여자대학교 대학원.

윤기영, 배소연, 조부경(1997). **유아교사를 위한 교육실습 연구**. 서울: 창지사.
윤기영, 정현숙, 류칠선, 차미자, 신현주, 신은희(2011). **유아교육실습 지도서**. 서울: 양서원.
이선경, 이은정(2007). **보육실습**. 서울: 창지사.
이대균, 이선정, 임자영, 박지선(2009). **교사효능감 증진을 위한 유아교육실습**. 서울: 공동체.
이연규, 조인경, 유칠선(2019). **유아교육기관 실습-보육실습과 교육실습**. 서울; 공동체.
임부연, 오정희, 최남정(2008). 비구조적 자유놀이 시간에 유아들이 보여주는 '진짜 재미있는 놀이'에 대한 현상학적 연구. **유아교육연구, 28**(1), 185-209.
정용부, 오성숙(1996). **교과교재연구 및 지도법**. 서울: 학지사.
한국보육진흥원(2010). **표준보육실습 지도지침**. 서울: (재) 한국보육진흥원.
한국보육진흥원(2017). 양성기관에서의 보육실습지도.

저 / 자 / 소 / 개

■ **오성숙**

대구대학교 대학원 교육학박사
전. 삼성중공업부설 동백유치원 부장교사
동부산대학교 유아교육과 교수
동부산대학교부속유치원장
현. 부산과학기술대학교 유아교육과 교수

학교현장실습의 이해

1판 1쇄 인쇄 – 2024년 9월 2일
1판 1쇄 발행 – 2024년 9월 6일

저　　자 - 오성숙
발 행 인 - 강철원
발 행 처 - 양성원
주　　소 - 경기도 파주시 검산로 173번길 29-12
전　　화 - 031-946-3861(代)
팩　　스 - 031-946-3864
이 메 일 - tnwpub@naver.com
홈페이지 - tnwpub.co.kr
출판등록 - 2015년 8월 31일 제 2015-000211 호

ISBN 979-11-6126-596-4

정가 18,000원